関係性のパターンと管理会計

木村彰吾 [著]

税務経理協会

は じ め に

　メガ・コンペティションにどのように対処していくかは，今日の企業経営にとって重要な課題となっている。特に，グローバル化の進展により競争相手が多様化し，また情報技術の進展によりビジネスのやり方が変容している状況においては，従来と異なった対応が求められるようになる。その一方で，今日の企業は企業価値あるいは株主価値の増加という目的を達成することが要求される。企業はもともと利潤動機を持つ組織であるが，今日の経済社会では企業価値あるいは株主価値を創造することは企業が社会的に存続する前提となりつつある。投資家が納得する企業価値を創造できない企業はもはや存続することは難しい。

　このような状況において管理会計の分野では，競争力を高め企業価値創造に貢献するような新しい管理会計手法やコンセプトが開発され実施されるようになってきた。その背景には，Johnson and Kaplan [1987] によって管理会計の有用性の喪失が指摘されて以後，その有用性を回復するための努力がなされ，その成果として新しい手法やコンセプトが開発され実施されるようになったということが指摘できるであろう。そのような新しい管理会計の手法やコンセプトが開発され実施されるようになると，次のような問題が浮かび上がってくる。すなわち，それらの新しい管理会計は従来の管理会計と本質的に異なっているのかどうか，異なっているとすれば従来の管理会計は否定されるのかどうか，さらにそのような新しい管理会計の手法やコンセプトはどのように体系化されるのかというような問題である。管理会計に関するこのような問題は研究上の重要な課題として認識されるであろう。

　さて，こうしたなかで，著者は中部産業連盟（財）の「日本経営標準（Japan Management Standards，以下ＪＭＳと略称する）」策定プロジェクトの一環として，中部地方の製造業のトップ・インタビューを行う機会を得た[1]。メガ・コンペティションや企業価値創造に関して当然のことながら経営者も上記のような問

題意識を持っており，自社のみならず日本企業の競争力についていろいろな見解を伺うことができた。このインタビューにおいていくつかの知見が得られたが，その1つに，経営者のほとんどが「チームワークの質の高さ」を日本企業の競争力の源泉の1つとして認識しているということがあげられる。「チームワークの質の高さ」が日本企業の競争力の源泉であるという見解は，インプリケーションに富むものである。その見解には，顧客価値創造および企業価値創造においてチームの一員として与えられた仕事をきちんと遂行できるということだけではなく，チームとしての業績を改善するようにメンバーは自発的に仕事のやり方の改善等の努力をするという含意が存在するのである。しかも，「チームワークの質の高さ」という考え方は，企業の外部の関係にも拡張されうると考えている。たとえばサプライヤーとの協力関係や顧客さらには株主といった利害関係者とも協力的な関係を築くことも視野に入ってくるのである。

こうしたチームワークを Johnson and Bröms [2000] が指摘するような「関係性（Relationship）のパターン」としてとらえるならば，「チームワークの質の高さ」の本質は優れたコンピタンスを持つ経済主体によるコラボレーションを生み出すようなチーム・メンバー間の連携・協力という関係性のパターンとして理解されなければならない。そして，そのような関係性のパターンが生み出すコラボレーションの結果，優れた製品・サービスが創造され，競争力が高まり，企業価値が創造されると理解するべきなのである。「チームワークの質の高さ」が日本企業の競争力の源泉の1つであるという見解には，このような含意が存在するのである。

JMS策定プロジェクトの一連のトップ・インタビューを終えた後，関係性という新しい観点から，競争力を高め企業価値創造に貢献するような管理会計の問題を考察することが非常に重要なように思われるようになってきた。そこで，本書において，コラボレーションを生み出す関係性のパターンを構築するのに貢献し，コラボレーションを生み出す仕掛けとしての管理会計を考察することにしたのである。グローバル化の進展により競争相手が多様化し，また情報技術の進展によりビジネスのやり方が変容しているような状況において，前

述のような考察が管理会計の有用性や可能性についての新たな知見をもたらすことが本書の意図するところである。

　本書を完成させることができたのは，多くの方々のご指導とご鞭撻を賜ったからであることを申し上げなくてはならない。齊藤隆夫先生（名古屋大学名誉教授）には，名古屋大学経済学部の学部ゼミそして大学院ゼミでご指導をいただいた。先生はシュマーレンバッハ研究の第一人者であるが，シュマーレンバッハ研究とは異なる研究テーマを選んでも，基礎をしっかりやりなさいとおっしゃって大学院ゼミに受け入れてくださり，先生は学究の徒としてのあるべき姿を自らお示しになられた。本書の刊行が少しでも先生への御恩返しになれば幸いであるが，これからも学究の徒として尽力することで先生への御恩返しをしていきたいと思う。

　大学院に進学後は，牧戸孝郎先生（名古屋大学教授）からのご指導もいただいた。牧戸先生は，管理会計について多くのことを教えてくださった。また，著者が大学に勤務するようになってからは，先に述べたＪＭＳ策定プロジェクトをはじめとして様々な研究プロジェクトに参加する機会を与えてくださった。管理会計の研究者として著者が今日あるのは，牧戸先生のおかげである。この場を借りて，感謝の意を申し上げたいと思う。

　また，牧戸孝郎先生の門下である皆川芳輝先生（名古屋学院大学教授），木下徹弘先生（龍谷大学助教授），小沢浩先生（西南学院大学助教授）からは，牧戸先生主催の研究会で貴重なコメントをいただいた。この場を借りて，感謝の意を申し上げたいと思う。

　本書の執筆の１つの契機は，ＪＭＳ策定プロジェクトの一連のトップ・インタビューである。このプロジェクトへの参加を許してくださった中部産業連盟（財），ならびにインタビューを受けてくださったトップ・マネジメントの方々に，この場を借りて，感謝の意を申し上げたいと思う。

　また，小川光先生（名古屋大学助教授）には，経済モデルの構築に関して多くの有益なコメントをいただいた。この場を借りて，感謝の意を申し上げたいと思う。

出版事情が厳しい状況にも関わらず，本書の出版をお引き受けいただいた税務経理協会にも感謝の意を申し上げたいと思う。本書は著者にとってはじめての出版なので担当の新堀博子氏にはいろいろご配慮いただいた。この場を借りて，感謝の意を申し上げたいと思う。

　最後に，私事で誠に恐縮であるが，本書の執筆も含めて長年にわたり著者を支えてくれた家族に本書を捧げたい。

平成15年8月20日

木村　彰吾

（注）
1）　実施時期は，2000年1月から3月である。インタビュー対象企業は，調査対象企業は，アイシン精機，ＩＮＡＸ，イビデン，ＮＥＣ静岡，セイコーエプソン，ソニー美濃加茂，デンソー，トヨタ自動車，日本ガイシ，日本車輛，日本精工，ヤマハ，リンナイ（社名は当時，50音順）。

目　　次

はじめに

第1章　管理会計の有用性と可能性

第1節　管理会計の有用性 …………………………………………………… 1
　1　管理会計の前提としてのマネジメント ……………………………… 1
　2　管理会計とは …………………………………………………………… 2
　3　管理会計の有用性 ……………………………………………………… 4
第2節　管理会計の有用性の喪失 …………………………………………… 6
　1　Relevance Lost ………………………………………………………… 6
　2　有用性の喪失についての考察 ………………………………………… 7
第3節　管理会計の可能性 …………………………………………………… 9
　1　管理会計の新たな展開 ………………………………………………… 9
　2　管理会計の可能性に関する問題の所在 ………………………………10
　3　本書の構成 ………………………………………………………………12

第2章　企業内の関係性のパターンについての理論的分析とそのマネジメント

第1節　顧客価値創造プロセスの要素還元を前提とした,
　　　　関係性のパターンについての理論的分析 ………………………16
　1　顧客価値創造活動についての検討 ……………………………………16
　2　モデル構築の視点 ………………………………………………………18
　3　モデルの仮定 ……………………………………………………………19

4　ゲームの均衡 ……………………………………………………21
　　5　モデルのインプリケーション ……………………………………21
第2節　関係性のパターンのマネジメント ………………………………24
　　1　関係性のパターンの分類 …………………………………………24
　　2　分断型パターンのマネジメント …………………………………26
　　　(1)　分断型パターンのマネジメントの考え方 ……………………26
　　　(2)　分断型パターンにおける経営手法 ……………………………30
　　3　チームプレー型パターンのマネジメント ………………………33
　　　(1)　チームプレー型パターンのマネジメントの考え方 …………33
　　　(2)　チームプレー型パターンの経営手法 …………………………36
第3節　ま　と　め ……………………………………………………………38

第3章　企業内の関係性のパターンと管理会計

第1節　分断型パターンと管理会計 ………………………………………41
　　1　分断型パターンのマネジメントと管理会計 ……………………41
　　2　分断型パターンのマネジメントのための管理会計手法 ………43
　　　(1)　標準原価計算 ……………………………………………………43
　　　(2)　予算管理 …………………………………………………………46
　　　(3)　コントローラー制度（Controllership）………………………50
第2節　チームプレー型パターンのマネジメントと管理会計 …………52
　　1　チームプレー型パターンのマネジメントと管理会計 …………52
　　2　チームプレー型パターンのための管理会計手法 ………………53
　　　(1)　参加型予算 ………………………………………………………54
　　　(2)　原価企画 …………………………………………………………55
第3節　ま　と　め ……………………………………………………………60
　　1　管理会計の適合性について－計算技法とコンセプト－ ………60
　　2　管理会計と関係性のパターンのマネジメントとの制度的補完性 ………61

第4章 企業間の関係性のパターンについての理論的分析と管理会計

第1節 企業間の関係性のパターンについての理論的分析……………66
 1 Coaseのモデル……………………………………………………67
 2 Williamsonのモデル ……………………………………………68
 3 モデルのインプリケーション……………………………………70
第2節 企業間の関係性のパターンのマネジメント …………………72
 1 企業間の関係性のパターン………………………………………72
 2 関係性のパターンのマネジメント………………………………73
  (1) 契約的取引型パターンのマネジメント………………………73
  (2) 擬似統合型パターンのマネジメント…………………………74
第3節 企業間の関係性のパターンと管理会計 ………………………77
 1 企業間の関係性のパターンの構築と管理会計…………………77
 2 契約的取引型パターンにおける管理会計………………………78
 3 擬似統合型パターンにおける管理会計…………………………78
 4 企業間の関係性のパターンと管理会計の対応…………………80
第4節 関係性のパターンと管理会計の相関 …………………………81

第5章 環境変化が関係性のパターンに与える影響
― 顧客価値創造プロセスの分解からコラボレーションへ ―

第1節 経営環境の変化についての検討…………………………………85
 1 グローバル化………………………………………………………86
 2 情　報　化…………………………………………………………89
第2節 関係性のパターンの変容 ………………………………………90
 1 分業の変容…………………………………………………………90

2　企業内の関係性のパターンへの影響……………………………94
　　3　企業間の関係性のパターンへの影響……………………………97
　第3節　コラボレーション型パターン ………………………………100
　　1　コラボレーションについて …………………………………101
　　2　コラボレーション型パターンについて ……………………102
　　　(1)　企業内のコラボレーション型パターン ………………103
　　　(2)　企業間のコラボレーション型パターン ………………103
　　　(3)　コラボレーション型パターンのイメージ ……………104

第6章　コラボレーション型パターンのマネジメント
　　　　　－エンパワーメントとアライアンス－

　第1節　コラボレーション型パターンのマネジメントに
　　　　ついての考え方－日本企業の実態調査をもとに－……………109
　　1　調査の概要 ……………………………………………………110
　　2　調査結果とその検討 …………………………………………110
　第2節　企業内コラボレーション型パターンのマネジメント………116
　　1　企業内コラボレーション型パターンのマネジメントの基本的
　　　な考え方 ………………………………………………………116
　　2　企業内コラボレーション型パターンのマネジメントとしての
　　　ナレッジ・マネジメント ………………………………………119
　第3節　企業間コラボレーション型パターンのマネジメント………125
　　1　企業間コラボレーション型パターンのマネジメントの基本的
　　　な考え方 ………………………………………………………125
　　2　企業間のコラボレーション型パターンのマネジメント ……127

目次 5

第7章 企業内のコラボレーション型パターンと管理会計

第1節 組織メンバーを組織的知識創造にコミットさせる
　　　仕掛けとしての管理会計 …………………………………………134
　1　エンパワーメントとアカウンタビリティ ………………………134
　2　組織的知識創造のマネジメント・コントロール・システムと
　　　しての管理会計 ………………………………………………………137
　　(1)　Open Book Management ………………………………………138
　　(2)　Balanced Scorecard ……………………………………………141
第2節 組織メンバーが組織的知識創造を行う
　　　仕掛けとしての管理会計 …………………………………………147
　1　Accounting Talk ……………………………………………………148
　2　Ａ　Ｂ　Ｃ …………………………………………………………148
　3　原　価　企　画 ……………………………………………………151
第3節 企業内コラボレーション型パターンにおける管理会計
　　　の統合 ………………………………………………………………154

第8章 企業間コラボレーション型パターンと管理会計

第1節 企業間コラボレーション型パターンの構築と管理会計 ……157
　1　利益配分メカニズム ………………………………………………158
　2　管理会計情報の共有 ………………………………………………163
　　(1)　管理会計情報の共有 ……………………………………………163
　　(2)　管理会計システムの企業内コラボレーション型パターン内での統一………163
　3　管理会計標準－経営標準に関連して－ …………………………164
第2節 企業間コラボレーション型パターンにおける
　　　知識創造と管理会計 ………………………………………………165

1	連鎖的原価企画 …………………………………………………166
2	連鎖的原価企画による企業間知識創造の促進 …………………167
(1)	企業間知識創造のインセンティブとしての目標原価 …………167
(2)	企業間知識創造のマネジメント・コントロールの効果 ………169
3	原価企画の企業間組織的知識創造の効果 ………………………169

第9章 結　章

1　問題の所在 …………………………………………………………173
2　分業を前提とする関係性のパターンと管理会計 ………………174
3　経営環境の変化による関係性のパターンの変容 ………………176
4　コラボレーション型パターンと管理会計 ………………………177

参 考 文 献 …………………………………………………………………181
索　　　引 …………………………………………………………………189

第1章　管理会計の有用性と可能性

第1節　管理会計の有用性

1　管理会計の前提としてのマネジメント

　会計が企業経営に必須のものであることに疑問の余地はない。例えば，財務諸表の作成とディスクロージャーは投資家への情報提供と資金調達の点で不可欠であり，法令でも定められ制度化されている。また，製品原価の計算は財務諸表を作成する上で不可欠であると同時に，コスト・マネジメントを行う上でも不可欠である。企業経営に必須である会計は，その有用性あるいは利用者の立場から，企業外部の利害関係者への情報提供を重視する財務会計と，経営者にとってマネジメント上有用であることを重視する管理会計とに分類される。

　さて，管理会計をマネジメントに有用な会計として理解すると，管理会計について研究を行う前提としてマネジメントについての理解が不可欠である。そこで，考察の出発点として，マネジメントについて簡単に見ておこう。

　経済学的な視点からすれば，企業は利潤動機を持った，製品・サービスの生産的経済主体と定義される。このような定義に基づくと，現実の企業は製品・サービスを開発し生産し，顧客に提供する活動を様々な人間が行う組織として見ることができる。

　企業としては利益獲得という目的を持つが，その利益は企業の所有者たる資

本提供者（株式会社であれば株主）に帰属する。この点に着目すると，利益獲得という企業目的は，所有者（株主）にとっての経済的価値を高めることであり，企業価値創造と言い換えることができる。

その利益の源泉は，企業が顧客に提供する製品・サービスに対して顧客が支払う対価にある。顧客がそのような製品・サービスに対価を支払うのは，顧客がそれらを自分たちにとって価値のあるものと認識し，その対価が顧客の価値評価に見合った金額であるからである。この点に着目すると，製品・サービスを開発し生産し提供する活動は顧客価値創造と言い換えることができる。

以上のように，企業は企業価値創造と顧客価値創造という活動を様々な経済主体が行う組織だととらえられるが，そうした活動にコミットする経済主体に任せっぱなしにして，企業価値や顧客価値が創造できるとは限らない。そのため，企業には，顧客価値の創造を通して企業価値を高めるという視点から様々な経済主体がそれぞれの活動を遂行できるようにする仕掛けやそれを運用することが必要になり，それらの仕掛けをデザインし運用する活動をマネジメントとして認識することができるのである。

マネジメントを上記のように理解すると，マネジメントには様々な領域があることが理解できる。すなわち，企業としての活動方針の決定，生産的経済主体の活動を遂行するために必要な資金の調達，製品やサービスの開発や生産管理，消費者のニーズの把握，そして企業で働く人々の管理などである。したがって，このようにマネジメントには様々な側面があることに着目すれば，マネジメントはいくつかのサブ・システムに分解できるのである。そして，それらのサブ・システムが全社的な視点で統合されたとき，その統合されたシステムを経営システムだととらえることができるのである。

2　管理会計とは

管理会計について研究を行う前提としてマネジメントを前項のように理解すると，どのような点でマネジメントにとって有用であるか，マネジメントに有

用であるためにはどうすればよいかという研究の視点が得られる。こうした視点から管理会計について研究を進める準備として，管理会計の定義をしておこう。

一般に，会計は企業の経済活動を測定し，その結果を利害関係者に報告するシステムだと考えられている。会計がそれ以外の測定や計算技法と区別しうるのは，企業の経済活動の顛末を把握するというコンセプトがあり，それを実現する理論が存在するからである。それゆえ，そうしたコンセプトに基づき理論に裏付けされた計算技法の体系として，会計は今日の経済社会において位置づけられるのである。

そのような会計のマネジメントへの役立ちについて，管理会計として体系化しようとしたのが Mckinsey である。彼は，1920年にシカゴ大学において管理会計コースを開設した。この背景には，会計をマネジメントに利用するという実務を体系化する必要性と，会計をマネジメントに利用することについての教育の必要性が高まってきたことがあげられる。Mckinsey は1924年に Managerial Accounting という著書[1]を出版しており，それ以後管理会計が会計の分野として認知されるようになったのである。Mckinsey の Managerial Accounting 以後，管理会計手法の研究が進展したが，それと並行するように管理会計の定義や範囲についても議論が起こった。時代や経済情勢によって管理会計の定義や範囲も変化しているが，マネジメントに有用な会計という了解には変化はないのである。

したがって，管理会計をマネジメントに有用な会計として位置づけそれを定義づける場合には，時代や経済情勢に応じて定義したり範囲を特定したりすることになる。そこで，メガ・コンペティションという状況を意識して，管理会計を次のようにとらえることにする。すなわち，競争力を向上させ企業価値を最大にするために企業が製品・サービスを生産し消費者（顧客）に提供する活動を遂行することを目的として援用される会計の計算技法や測定手法の体系として管理会計をとらえるのである。言い換えれば，マネジメントのコンセプトや理論に依拠しながらそれを具体化する仕掛けとして会計的な測定・計算技法

を援用するシステムとして管理会計を定義するということである。本書では，管理会計を上記のように定義する。

　この定義に関連して，管理会計の会計的測定についてもう少し説明しておこう。一般に，会計的測定は経済活動を測定対象としてそれを貨幣数値で表すプロセスだと理解されている。そのため，経済活動の結果としての経済的価値の費消分や増加分をコストや収益として貨幣数値で示すのである。このとき，非貨幣数値がなければ，コストや収益を算定することができない。例えば，売上は販売単価に販売量を乗じて算定するので，販売量という非貨幣数値が分からなければ売上を算定できない。また，製品の売上原価を算定するためには製品原価を算定しなければならないが，製品原価は使用した原材料の数量や加工時間という非貨幣数値が分からなければ算定できない。このように，生産や販売などの企業価値創造に関わる経済活動の会計的測定は，非貨幣数値による測定によって補完されるのである。非貨幣数値の測定によって補完される会計的測定をマネジメントに援用していくときには，それらの非貨幣数値の測定そのものにも有用性が見出される。なぜなら，企業価値を最大にするために製品・サービスを生産し消費者（顧客）に提供するという活動は，サイクル・タイム，納期，品質といった非貨幣数値によってコストや収益といった貨幣数値よりも適切に表されることがあるからである。したがって，管理会計の会計的測定とは，企業価値創造のバリュー・ドライバーの要因となるような事象（例えば，生産や販売など）に関して，貨幣的数値と非財務的数値の測定を行うことなのである。

3　管理会計の有用性

　このように定義された管理会計がマネジメントにとって有用性を持つのは，測定対象（何を測定するか），測定方法（どのように測定するか），測定結果（測定した結果を何に利用するか）を通じて顧客価値の創造と企業価値の創造に貢献するからである。

　このことを製品コストの削減を例にとって説明してみよう。製品コストを削

減するためには，製品を生産するのに要したコストを測定し集計し，削減可能な費目を特定し，そしてコストを削減するための活動がとられる。すなわち，製品を生産するのに要した経済的価値の費消を測定対象とし，原価計算を測定方法として用い，その測定結果はコスト削減の活動をとるために利用されるのである。コストを測定する方法は会計的な測定・計算技法以外になく，その意味において会計的な測定・計算技法はマネジメントにとって有用だと考えられるのである。このことは，管理会計が他の測定手法や計算技法と異なるユニークな会計的な測定・計算技法であることが管理会計の有用性であると言い換えられてしまうかもしれない。しかしながら，管理会計以外の他の測定手法や計算技法と異なるユニークネスだけが管理会計の有用性ではない。そこで，管理会計の有用性についてコスト削減を例にとってもう少し検討してみよう。

　コストを削減するためには，2つのプロセスが必要となる。1つはコストを測定し集計し削減可能な費目を特定すること，もう1つはコストを削減するための活動である。管理会計の測定・計算技法は前者のプロセスにおいてコストについての情報を提供する役割を果たす。これは経営者がコスト削減についての意思決定を行うのに必要な情報を提供する機能であり，その情報が有用性を持つとき管理会計の有用性が認められるのである。こうした経営上の意思決定に有用な情報を提供するという意味の有用性を重視する管理会計は「意思決定会計」と言われる。

　さらに，管理会計の測定・計算技法はコスト削減の活動それ自体にも影響を与える。例えば，製品原価を全部原価計算で算定しているとしよう。全部原価計算においては，製造費用の総額は削減できなくても，生産量を増加することによって製品原価は容易に削減できる。もし経営者が製造費用の削減によって製造原価を削減したいのであれば，全部原価計算の代わりに直接原価計算などの計算技法を用いるべきであろう。そうすれば，製造工程の改善やサプライヤーの見直しなどによって，製造費用の削減によって製品原価を削減するような行動をとると予想される。このように管理会計の測定・計算技法は組織メンバーの行動に影響を与える。その影響を適切にコントロールしてマネジメント

に望ましい行動を組織メンバーにとらせることができる点にも，管理会計の有用性が認められるのである。こうした組織メンバーの行動に影響を与えてマネジメントに望ましい行動をとらせるという有用性を重視する管理会計は「業績評価会計（業績管理会計）」と言われる。

　以上のように，管理会計の有用性は，マネジメントの意思決定に有用な情報を提供するという有用性と，管理会計の測定・計算技法を適切にデザイン・運用して組織メンバーのマネジメント・コントロールに応用するという有用性の2つの側面があるのである。

第2節　管理会計の有用性の喪失

1　Relevance Lost

　前節では，管理会計研究の出発点としてマネジメントとマネジメントへの会計のかかわりについて概観し，管理会計が経営学的なパラダイムや理論に依拠しながら，それを具体化する手段として会計的な測定・計算技法を援用するシステムであると定義した。そして管理会計の有用性について，意思決定に有用な情報を提供するという有用性と，組織メンバーのマネジメント・コントロールに応用するという有用性の2つがあることを見てきた。

　しかしながら，Johnson and Kaplan [1987] によって，管理会計はもはやマネジメントに有用ではないという重大な問題提起がなされた[2]。彼らの主張を要約すると以下のとおりである。

・　1920年代にGMやDu Pontなどが管理会計手法を開発したが，1925年以後は管理会計の大きな発展は実質的になかった。
・　そうした1920年代にGMやDu Pontなどが開発した管理会計手法を現在（1980年代）も使っている。

- 生産方法が大きく変化したため，1920年代の製造業と比較して，直接労務費の割合が減り，生産設備の減価償却費などの固定費・間接費が増大し，固定費や間接費の製品原価に占める割合が増加した。
- そのため，旧来の製造間接費の配賦方法では間接費が適切に配賦されず，正しい製品原価を算定できなくなり，マネジメントにとって有用な情報を提供できなくなった。
- 企業経営において，財務会計が管理会計よりも優先された。
- ＲＯＩによる財務的な業績管理は意図したようには機能せず，ＲＯＩを向上させるための非生産的な活動に従事するようになった。
- その結果，管理会計はもはや適合性を喪失してしまった。

Johnson and Kaplan［1987］の主張の背景として，当時のアメリカの企業が国際競争力を失い，日本企業がライバルとして台頭してきたことが指摘できる。アメリカの企業が国際競争力を喪失した原因はいろいろと考えられるが，価格競争で日本企業に劣るのはアメリカの企業のコスト・マネジメントに問題があるためだと考えられた。そこで，コスト・マネジメントに関わる管理会計について考察した結果，管理会計は有用ではないという重大な問題提起に至ったと考えられるのである。

Johnson and Kaplan［1987］の主張はアメリカ企業にのみ妥当するものではない。実際の企業活動（例えば，生産活動や調達活動など）と適合性を持たなかったり，測定・計算技法が意図したとおりに利用されなかったりすると，管理会計の有用性が失われてしまうのはすべての企業に妥当するであろう。

2　有用性の喪失についての考察

Johnson and Kaplan［1987］の主張は，1980年代のアメリカ企業を前提とするものである。しかしながら，管理会計の有用性の喪失が生じるのは1980年代のアメリカ企業に限らず，どの時代のどの企業でも起こりうることである。彼

らの主張を拡張すれば，管理会計の有用性の喪失が生じる一般的状況として，管理会計が実際の企業活動（例えば，生産活動や調達活動など）と適合性を持たなくなってしまった状況[3]が考えられる。例えば，Johnson and Kaplan［1987］は，1980年代のアメリカ企業が製造間接費の配賦基準として1920年代のように直接労働時間を用いているため製品原価を正確に算定できず，結果的に管理会計の有用性が喪失したと述べている。その理由として，1980年代のアメリカ企業の製品や生産システムは1920年代のそれとは大きく異なっているにも関わらず，1920年代に開発された原価計算（すなわち，直接労働時間に基づく製造間接費の配賦）を行っていることを指摘している[4]。この指摘のように，管理会計の測定・計算技法が実際の企業活動と適合性がなければ管理会計の有用性の喪失が生じる。

管理会計の有用性の喪失について，管理会計の測定・計算技法が実際の企業活動と不適合であるということには，次のような含意があると考えられる。1つは，Johnson and Kaplan［1987］が言うように，管理会計の測定・計算技法が変容した企業の経済活動を正しく「写像」としてとらえられないという不適合である。もう1つは，企業活動の変容に伴いマネジメントのパラダイムが変化したにも関わらず，管理会計の測定・計算技法の基底にあるパラダイムが不変のままであるという不適合である。

この2つの不適合について，1980年代のアメリカ企業が製造間接費の配賦基準として1920年代のように直接労働時間を用いていることを例にとって検討してみよう。この場合には，人による作業を機械による作業に置き換えたにも関わらず，機械を使用することに伴う製造間接費（減価償却費や動力費など）を直接労働時間に基づいて配賦することになる。コストと製品の因果関係をできるだけ反映するように製造間接費を配賦するという基本的思考に基づくならば，配賦基準として直接労働時間ではなく，機械の稼働時間を用いてこの製造間接費を配賦しなければならない。それにも関わらず，直接労働時間に基づいて配賦するため製造間接費が適切に配賦できなくなり，企業の経済活動を正しく「写像」としてとらえられなくなってしまうのである。このような不適合は，配賦

基準を修正することによって解消することができる。その一方で，人による作業を機械による作業に置き換えるという企業活動の変容はマネジメントのパラダイム・シフトを反映したものであり，そのようなパラダイム・シフトはコストやコスト削減についての思考にも影響を与える。機械の生産性のマネジメントという視点からは，機械設備の投資に関する経済性計算なども必要となってくるが，管理会計のパラダイムが人の作業の生産性を前提としていれば機械設備の投資に関する経済性計算などは行われないのである。このようなマネジメントのパラダイムと管理会計のパラダイムとの不適合は計算技法の修正だけでは解消されない。したがって，マネジメントのパラダイム・シフトに管理会計のパラダイムが対応していないという不適合の方が，管理会計の有用性を喪失させる要因として影響が大きいと考えられるのである。

第3節　管理会計の可能性

1　管理会計の新たな展開

　Johnson and Kaplan［1987］は管理会計の有用性の喪失を指摘したが，管理会計が有用性を回復するための可能性について，間接費の配賦方法の改善，および非財務的指標の重要性などに言及している[5]。その意味では彼らの主張は管理会計を否定するものではなく，管理会計研究者ならびに実務家の多くにとって彼らの主張は今日のマネジメントに適合し有用な管理会計を構築することは重要な課題であるというメッセージとして受け止められるであろう。事実，それ以後の管理会計の研究は大きく進展したと考えられる。

　管理会計の有用性の喪失を指摘した Kaplan は，管理会計の有用性を回復するために陳腐化した測定・計算技法の改革を行った。その成果は，活動基準原価計算（Activity-Based Costing, 以下ＡＢＣと略称する）[6]としてまとめられ，さらに測定・計算技法を戦略的マネジメント・コントロールに応用できるように

拡張したバランスト・スコアカード（Balanced Scorecard, 以下ＢＳＣと略称する）[7]を提唱している。

　他方，Johnson は，管理会計の有用性の回復に関して，行き過ぎた計数管理を批判した[8]。さらに，企業組織を生命体としてとらえるという視点に立ち「結果による経営（Management By Results：ＭＢＲ）」から「手段による経営（Management By Means：ＭＢＭ）」への展開を主張し，行き過ぎた計数管理はもはや効率的な生産や競争力に貢献しえないと主張している[9]。

　また，1980年代のアメリカの企業が国際競争力を失う一方で，日本企業がライバルとして国際競争力を高めてきたことを踏まえて，日本企業の管理会計についての研究も進んだ。そうした日本企業の管理会計についての研究成果の１つとして「原価企画」が明らかにされ，実務的には海外の企業も原価企画を導入するようになった。日本企業の管理会計を研究対象とすることは，アメリカを中心としてきた従来の管理会計の研究対象を拡大することになり，その結果新たな知見が得られ管理会計の研究が充実するという効果をもたらす。

　さらに，新しく提唱される管理会計手法を実際に導入（Implementation）することについての研究[10]も行われるようになり，管理会計手法の導入を通して管理会計手法とマネジメントとの適合性や管理会計のマネジメントへの影響が明らかにされるという成果もあげられつつある。

　以上のように，Johnson and Kaplan [1987] が管理会計の有用性の喪失を指摘して以後，日本的管理会計への研究対象の拡大や新しい管理会計手法の開発などの面で管理会計研究は進展があったと言えよう。また，そうした新しい管理会計手法が実務に導入されることによって，管理会計に新たな可能性が見出されるであろう。

2　管理会計の可能性に関する問題の所在

　Relevance Lost 以後の管理会計の展開をざっと概観してみたが，競争力を高め企業価値創造に貢献するような新しい管理会計手法やコンセプトが開発され

実施されるようになってきて、管理会計の可能性は大きく広がっているように見える。しかしながら、管理会計手法の間の整合性を考慮しなければ、やはり管理会計の有用性の喪失という事態に陥ってしまう。例えば、Aという管理会計手法はBという管理会計手法と同時に導入・実施することによって競争力を向上させるが、Cという管理会計手法と同時に導入・実施すると競争力を向上させないという事態が起こりうるのである。こうした事態は管理会計の有用性を喪失させる。

新しい管理会計手法やコンセプトが開発され実施されるようになってきて、管理会計の可能性は大きく広がっている状況で管理会計手法の間の整合性を考慮しないと、「マネジメントのジャングル」というメタファーを用いれば、「管理会計のジャングル」ともいうべき状況が生じてしまうであろう。こうした状況をほうっておくと、再び管理会計の有用性の喪失という状況に陥ってしまう。したがって、競争力を高め企業価値創造に貢献するような新しい管理会計手法やコンセプトそれ自体の研究や実務への導入の努力と同様に、Relevance Lost 以前および以後の管理会計手法の体系化を図る努力がなされなければならないのである。

新しい管理会計手法の誕生によって管理会計の可能性は広がったが、そこには上記のような問題が内在する。管理会計手法の整理や体系化を試みるときには、原点に立ち返って管理会計とマネジメントとの適合性を検討するところから始めなければならない。なぜなら、今日のメガ・コンペティションに対処するようなマネジメントと整合性がなければ、管理会計の有用性はそもそも存在し得ないからである。では、メガ・コンペティションにおけるマネジメントはどのようなものであろうか。そのポイントの1つが、「チームワークの質の高さ」である。「チームワークの質の高さ」は、JMS策定プロセスの一環として行われた中部地方の製造業のトップ・インタビューにおいて、ほとんどの経営者が日本企業の競争力の源泉として指摘した要因である。その意味するところは、企業においてチームの一員として与えられた仕事をきちんと遂行できるということだけではなく、チームとしての業績を改善するようにチームのメン

バーは自発的に仕事のやり方の改善等の努力を行い，さらに，企業の外部の関係にも拡張されサプライヤーとの協力関係や顧客さらには株主といった利害関係者とも協力的な関係を築くことなのである。このことを Johnson and Bröms [2000] が指摘するような「関係性 (Relationship) のパターン」[11] という視点から見ると，「チームワークの質の高さ」の本質は優れたコンピタンスを持つ経済主体によるコラボレーションを生み出すような関係性のパターンとして理解することができる。そして，そのような関係性のパターンが生み出すコラボレーションの結果，優れた製品・サービスが創造され，競争力が高まり，企業価値が創造されるのである。

このようにメガ・コンペティションに対処するようなマネジメントを「チームワークの質の高さ」という視点からとらえると，関係性のパターンという新しい観点から，管理会計手法の整理や体系化を試みることが非常に重要なように思われる。このような問題意識に基づいて，本書では，管理会計の可能性に関する問題について，コラボレーションを生み出す関係性のパターンの構築に貢献し，知識創造を生み出す仕掛けとしての管理会計のあり方そして手法の解明を試みることにした。

3 本書の構成

本書では，今日のメガ・コンペティションに対処するにはコラボレーションを生み出すような関係性のパターンが有効であることを検討して，関係性のパターンという観点から管理会計の整合性を考察するというアプローチをとり，次のような構成で考察を進める。

はじめに，企業においてどのような関係性のパターンが生じるのかを理論的モデルを用いて考察する。その関係性のパターンにおいてどのようなマネジメントが行われるのかを考察する。そして，そのマネジメントへの適合性という視点から管理会計手法の有用性を検討する。

そうした関係性のパターンの前提となる企業環境が変化したため，関係性の

パターンとマネジメントがどのように変容したかを考察し，その結果，新しい関係性のパターンが生じることを説明する。そして，その新しい関係性のパターンとマネジメントという視点から企業環境の変化以前の管理会計手法とそれ以後の管理会計手法を検討し，コラボレーションを生み出す仕掛けとしての管理会計を明らかにする。

このような考察は，具体的には以下のような構成で行われる。

第2章では，企業内の関係性のパターンとそのマネジメントについて考察する。理論的モデルによって企業内の分業においてどのような関係性のパターンが生じるかを明らかにし，その関係性のパターンを反映したマネジメントを考察する。そこでの考察の結果は，コラボレーションを生み出す関係性のパターンを明らかにする上で重要な含意を持つものである。

第3章では，第2章で明らかにした関係性のパターンとそのマネジメントへの適合性という観点から管理会計手法のあり方を考察する。この考察は，コラボレーションを生み出す仕掛けとしての管理会計を明らかにするための予備的考察となる。

企業の経済活動に関わる関係性のパターンは，企業内だけではなく企業間にも存在する。そこで，第4章では，企業間の関係性のパターンとそのマネジメント，そして管理会計について考察する。企業間の関係は会計学的には「取引」として認識される。そこで，取引費用の経済学のフレームワークによって企業間の関係性のパターンを分析する。その上で，企業間関係のマネジメントとそのための管理会計手法を考察する。

2章から4章で考察した企業の関係性のパターンが前提としていた企業環境が変化すれば，当然のことながら，新しい関係性のマネジメントが必要となる。第5章ではこうした企業環境の変化を検討し新しい関係性のパターンについて考察し，第6章では新しい関係性のパターンのためのマネジメントの内容を考察する。

第7章，第8章は，新しい関係性のパターンとそのマネジメントという視点から，管理会計手法のあり方を考察する。第7章では企業内の関係性のパター

ンのマネジメントに関わる管理会計について考察し，企業内でのコラボレーションを促進し知識創造を生み出す仕掛けとしての管理会計を明らかにする。第8章では，企業間の関係性のマネジメントに関わる管理会計について考察し，企業間でのコラボレーションを促進し知識創造を生み出す仕掛けとしての管理会計を明らかにする。

（注）
1) Mckinsey, J.O., 1922. *Managerial Accounting.* University of Chicago Press.
2) Johnson, T.H. and R. Kaplan, 1987. *Relevance Lost : The Rise and Fall of Management Accounting.* Harvard Business Press.
3) Johnson and Kaplan [1987] は，こうした状況を管理会計の陳腐化（obsolescence）として説明している。詳細は *Relevance Lost : The Rise and Fall of Management Accounting* 第8章を参照されたい。
4) Johnson and Kaplan [1987], p.189.
5) Johnson and Kaplan [1987], 第9章，第10章を参照のこと。
6) Cooper, R. and R.S. Kaplan, 1988. Measure Costs Right : Make the Right Decision. *Harvard Business Review.* September-October, pp.96−103.
7) Kaplan, R.S. and D.P. Norton, 1996. *The Balanced Scorecard.* Harvard Business School Press.
8) Johnson, T.H., 1992. *Relevance Regained : From Top-Down Control to Bottom-Up Empowerment.* The Free Press.
9) Johnson, T.H. and A. Bröms, 2000. *Profit Beyond Measurement.* The Free Press.
10) 例えば，ＡＢＣの導入についての Cooper, et. al. [1992] や Anderson and Young [2001] などの研究がある。
11) 関係性は個と個との間の相互依存の関係のことを言い，その相互依存の関係が分断されているかどうかが関係性のパターンとして理解される。詳細は，Johnson and Bröms [2000] を参照されたい。

第2章 企業内の関係性のパターンについての理論的分析とそのマネジメント

　コラボレーションが生じるためには，複数の経済主体（個人や企業など）のそれぞれのコンピタンスが連携していることが必要である。そして，複数の経済主体のそれぞれのコンピタンスが有機的に統合された状態で，彼らの相互作用によって競争力を高め企業価値を創造するような知識創造が生み出されるのである。このような，経済主体のそれぞれのコンピタンスが有機的に統合され競争力を高め企業価値を創造できるような関係性のパターン，つまりコラボレーションを促進し知識創造を生み出す関係性のパターンを日本企業の経営者は「質の高いチームワーク」としてとらえ，競争力の源泉の1つとして認識していると考えられるのである。「質の高いチームワーク」が競争力の源泉だと位置づけられるならば，競争力を維持・向上し企業価値を創造していく上で，「質の高いチームワーク」を作り出し，それを維持していくマネジメントが必要となる。本書では，それを関係性のパターンのマネジメントとしてとらえることにする。
　コラボレーションを生み出す関係性のパターンを構築するのに貢献し，コラボレーションを促進し知識創造を生み出す仕掛けとしての管理会計を明らかにするためには，そのような関係性のマネジメントを明らかにしておく必要がある。そこで，本章では企業内における関係性のパターンの内容とそのマネジメントについて考察することにする。

第1節　顧客価値創造プロセスの要素還元を前提とした，関係性のパターンについての理論的分析

1 顧客価値創造活動についての検討

　企業の顧客価値創造活動は，具体的には，研究開発，調達，生産，販売，さらにそれらを支援する活動からなっている。そのような顧客にとっての価値を創造する活動を Porter［1980, 1985］は「価値活動 (Value Activity)」と定義している。そして，企業として顧客の価値創造を行うためには価値活動を結び付けていくことが必要となるが，そうした価値活動の結びつきを「価値連鎖 (Value Chain)」と定義している。このような価値連鎖は図2－1のように示される。

図2－1　価 値 連 鎖

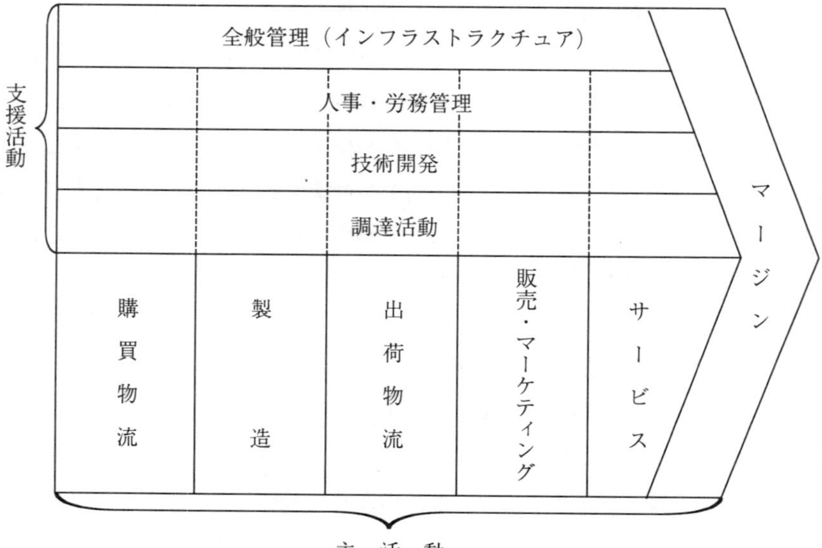

支援活動	全般管理（インフラストラクチュア）					マージン
	人事・労務管理					
	技術開発					
	調達活動					
	購買物流	製造	出荷物流	販売・マーケティング	サービス	

主 活 動

（出所：Porter［1985］, 邦訳書, 49頁）

このような価値活動から構成される企業の顧客価値創造を1人の人間が行うことは不可能であり，複数の人々によって企業の顧客価値創造がなされる。このことは，顧客価値創造プロセスを調達，製造，出荷物流などの価値活動という要素に分解し，分解された要素としての活動を組織メンバーが行うことを含意する。例えば，自動車メーカーの場合，自動車の開発，生産，販売という職能別に顧客価値創造プロセスが分解され，さらにそれぞれの職能においては一般的な意味での分業（生産という職能であれば，さらにプレス，溶接，エンジン組立，ボディへのシャーシー取付など）が行われる。

このように顧客価値創造プロセスは，研究開発，生産，販売などの職能別に分解され，それぞれの職能でさらに分解されるので，企業内の関係性のパターンを「分業」という視点から考察していくことが適切であると考えられる。つまり，企業の顧客価値創造活動は要素還元型の分業体制であるという認識に基づいて，分業を前提とした関係性のパターンとそのマネジメントを考察していかなくてはならないのである。

分業には専門化によって効率性が高くなるという優位性がある反面，分業を機能させるためには専門化した作業を行う組織メンバーにインセンティブを与え彼らの行動をコーディネートすることが必要となる（Milgrom and Roberts [1992]）。このような特徴を持つ分業という視点からチームワークをとらえると，分業を前提とした関係性は分業にコミットするメンバー間の関係としてとらえられ，関係性のパターンはメンバー間の行動がどのようにコーディネートされるかを表すと考えられる。この場合，関係性のパターンには，メンバーによって自発的にメンバー間の行動がコーディネートされるというパターンと，メンバーによって自発的にメンバー間の行動がコーディネートされないというパターンの2つが考えられよう。一般に，前者の関係性のパターンがコラボレーションを促進し知識創造を生み出すような「質の高いチームワーク」としてとらえられるであろう。

2　モデル構築の視点

　分業を前提とする企業内の関係性や関係性のパターンを前述のようにとらえてみると,「質の高いチームワーク」として認識されるような関係性のパターンはどのようにして生じるのだろうかという問題が提起される。分業をデザインするだけで,つまりチーム全体として達成するべき目標を提示しその作業内容をメンバーに指示するだけで,自然発生的に「質の高いチームワーク」としてとらえられるような関係性のパターンが生じるのであれば,コラボレーションを促進し知識創造を生み出す関係性のパターンを構築することは容易であろう。一方,分業をデザインするだけでは「質の高いチームワーク」としてとらえられるような関係性のパターンが生じないのであれば,そのような関係性のパターンを構築するためにどのようなマネジメントを行えばよいかというような問題が提起される。これらの問題を解明することが,コラボレーションを促進し知識創造を生み出す関係性のパターンとそのマネジメントを明らかにするための考察のスタートラインになる。したがって,この問題を解明するための,分業を前提とした関係性のパターンを理論的に分析するモデルを構築することが必要であろう。以下,モデル構築の視点についてもう少し説明しておこう。

　分業にコミットするチームの構成員が作業を行うかどうかに関わるインセンティブと個々の作業のコーディネーションという経済的な問題がメンバーによって解決されるような関係性のパターンを「質の高いチームワーク」だと理解すると,チーム全体として達成するべき目標を与え,目標達成に向けて作業内容を指示するだけで「質の高いチームワーク」が自然発生的に生じるかどうかが問題となる。すなわち,分業をデザインするだけで,分業にコミットする人々は自発的に努力して自己の仕事をきちんと遂行するかどうか,そしてその上でメンバーが自発的に努力してそれぞれの仕事と仕事の間のコーディネーションを行うかどうかという問題である。「質の高いチームワーク」が自然発生的に生じるということは上記のようなインセンティブとコーディネーションの問題をメンバーが自分たちで解決するということだと考えられるので,「質

の高いチームワーク」が自然発生的に生じるかどうかという問題は基本的には分業にコミットする人々は分業体制において自発的に努力するかどうかという問題に帰着する。そこで、分業にコミットする人々は自発的に努力するかどうかを分析するモデルが必要になるのである。それでは、このモデル構築に際してどのようなアプローチが適切であるかを検討してみよう。

分業にコミットする人々が自発的に努力するかどうかということは、分業において自発的に努力するかどうかという意思決定を個人として行うことができるということを含意する。したがって、分業にコミットする人々が自発的に努力するかどうかという問題は、分業に関わる人々は自発的に努力するという意思決定をするのかどうかという問題だと置き換えることができる。個人の意思決定について、自己の利得を最大にするという視点から意思決定を分析することが可能となれば、そのような分析のための経済学的なモデルはいくつか存在する。分業という状況では他者の行動が自己の利得に影響を与えてしまうので、他者の行動が自己の利得に与える影響も考慮した意思決定として分析することが妥当であろう[1]。つまり、分業はゲーム的な状況としてとらえられ、そこでの意思決定はゲームにおける戦略の選択として分析することが適切だと考えられるのである。そこで、単純ではあるが、ゲーム理論を援用して分業にコミットする人々は自発的に努力するかどうかを分析するモデルを構築することにしよう[2]。

3　モデルの仮定

分業にコミットする人々が与えられた仕事を遂行するために自発的に努力するかどうかを分析するゲーム論的モデルを構築する上で、以下のようないくつかの仮定を置くことにする。

1. ある企業において従業員Aと従業員Bの2人を構成員とする分業体制（以下、チームと呼ぶ）が編成される。AとBの責任と権限は同じとする。

2．チームとして遂行すべきタスクがあり，AとBにはそのための作業を行うものとする。

3．契約によりA，Bにはそれぞれ一定の報酬B_A（Aの基準賃金），B_B（Bの基準賃金）が支払われるが，さらにチームとしての成果に応じて追加的な報酬が支払われる。

4．チームとしての成果をあげるために従業員は努力しなければならないが，努力することは従業員にとってコストとして認識される。努力のコストは，それぞれE_A（Aの努力），E_B（Bの努力）とする。

5．従業員AとBには，この分業において「自発的に努力する」という戦略と「自発的には努力しない」という戦略の2つがあるとする。

6．2人とも努力すると協力の効果があって，チームとして十分な成果をあげることができる。その結果として，2人とも努力した甲斐のある追加的な報酬R_H（High Return）を得るとする。この場合の追加的な報酬は「努力する」というコストを上回るものとする。すなわち$R_H > E_A$，$R_H > E_B$とする。

7．1人が努力しもう1人が努力しないときには，チームとしてほどほどの成果をあげることができ，その結果として2人の従業員はほどほどの追加的な報酬R_L（Low Return，ただし，$R_H > R_L$とする）を得るものとする。このとき，努力しない従業員は努力しないでも追加的な報酬を得ることになる。他方，努力した従業員は「努力する」というコストを負担して追加的な報酬を得ることになる。

8．努力と報酬の間には，$R_H - R_L > E_A > R_L$，$R_H - R_L > E_B > R_L$の関係があるものとする。

9．2人とも努力しないとチームとしての成果はあげられないので，追加的な報酬は得られない。この場合，「努力する」というコストを負担していないので，それぞれの従業員が受け取る純利得は雇用契約により支払われる一定の報酬B_A，B_Bとする。

10．以上を踏まえて，このゲームの利得表は表2-1のとおりとする。

11. このゲームにおいて従業員A，Bは自己の利得が最大になるような戦略をとるものとする。
12. 将来得られる利得に対する割引率が十分に小さく，従業員A，Bは将来利得と現在の利得をそれなりに対等に評価するものとする。

表2-1　従業員の利得表

		B	
		努力する	努力しない
A	努力する	$B_A+R_H-E_A$, $B_B+R_H-E_B$	$B_A+R_L-E_A$, B_B+R_L
	努力しない	B_A+R_L, $B_B+R_L-E_B$	B_A, B_B

4　ゲームの均衡

上述の仮定に基づいて，このゲームの均衡を求めよう。従業員A，Bはともに同じ責任と権限を有しているので，このゲームは同時手番ゲームとして見なすことができる。この同時手番ゲームをナッシュ均衡（Nash equilibrium）の概念に基づいて分析すると，次のような2つの均衡が得られる。すなわち，「従業員A，Bがともに自発的に努力する」という均衡と，「従業員A，Bがともに自発的に努力しない」という均衡である。ただし，この2つのうちいずれの均衡に至るかは，ゲームを開始してみないと分からない。

しかしながら，このゲームが繰り返されるときには，「従業員A，Bがともに自発的に努力する」という均衡だけが得られる。

5　モデルのインプリケーション

上記のモデルのインプリケーションについて考察してみよう。このモデルで明らかにされたように，分業にコミットする人々が自発的に努力する状況と，自発的には努力しない状況という2つの均衡が存在する。

いずれの均衡になるかは分業を始めてみないと事前には分からないが，分業を行うだけで自発的に努力するという均衡が得られることがある。したがって，従業員が自発的に努力する分業体制を「質の高いチームワーク」としてとらえるならば，分業をデザインするだけで「質の高いチームワーク」が自然発生的に生じる可能性があると言える。このモデルのインプリケーションの1つとして，「質の高いチームワーク」は自然発生的に生じる場合があることが明らかにされたことをあげることができる。

「質の高いチームワーク」が自然発生的に生じる可能性に関連して第2のインプリケーションが得られる。このモデルにおいて，自己の利得が最大になるような戦略をとるというプレイヤーに関する仮定を置いた。その仮定の下で「質の高いチームワーク」という関係性のパターンが構築されるということは，利己的な個人であってもチームワークに貢献することがありうることを示している。その意味で，従業員が日本人だから「質の高いチームワーク」が構築される，あるいはアメリカ人だから「質の高いチームワーク」が構築されないというステレオタイプ的な考えは必ずしも妥当性があるとは限らない。したがって，モデルの第2のインプリケーションとして，「質の高いチームワーク」という関係性のパターンの構築に，メンバーのナショナリティやメンタリティ，あるいは文化などが必ずしも直接的な影響を与えるとは限らないことがあげられる。

他方，分業を開始した時点でメンバーが自発的に努力するという均衡が得られない，すなわち「質の高いチームワーク」が自然発生的に構築されない場合がある。初期時点でそのような均衡にある企業は，「質の高いチームワーク」という均衡にある企業が必要としないようなマネジメントが必要になる。そこで，メンバーが自発的に努力するという均衡が得られない企業のマネジメントに関して，以下のような第3のインプリケーションが得られる。

初期時点で自発的に努力しないという均衡にある企業は，従業員がチームの目標達成に向けて努力しないので，「質の高いチームワーク」という均衡にある企業のような水準の業績をあげることができない。しかしながら，モデルで明らかにされたように，ゲームが繰り返されるとメンバーが自発的に努力する

第2章　企業内の関係性のパターンについての理論的分析とそのマネジメント　23

という均衡のみが得られるので，初期時点でメンバーが自発的に努力しないという均衡の企業であっても，従業員を長期的に分業にコミットさせゲームを繰り返すうちに「質の高いチームワーク」均衡に至る。そこで，初期時点で自発的に努力しないという均衡にある企業は，ゲームが繰り返されるように従業員を長期的に分業にコミットさせるようなマネジメントが必要になるのである。このようなマネジメントは，進化ゲーム論的な視点からは「制度化（institutionalization）」として理解することができる。この点について少し検討してみよう。

　一般に，均衡に至るプロセスにおいて「特定の戦略のあいだの補完性を強め，それに対応した均衡状態に接近していくと，その戦略の採択をルール化することが，さまざまな社会的・個別的費用の節約」[3]となる。その理由として次の2つがあげられる。第1は，「補完的な戦略の採用がルールとなれば，その採択に必要な，各個別経済主体による情報の収集や進化論的計算などの情報費用が節約されうる」[4]ということである。第2は，「異種の進入や突然変異の発生を抑制することによって，均衡の撹乱（ミス・マッチング）から生ずる資源費用をも節約することができる」[5]ということである。そして，このような補完的戦略のルール化が，「制度化（institutionalization）」としてとらえられるのである。このような制度化は次のような意義を持つ。すなわち，「本来は選択の対象である一定の戦略をルールとして強制するといっても，それが補完的戦略を反映したものであれば，その実施（implementation）は均衡の近傍において，個別経済主体の動機とおおむね両立的であろう。したがってルールの強制（enforcement）に必要な社会的費用は，上記の取引費用を下回る可能性がある。このような時，制度は存立可能となり，経済システムの安定に資することになる」[6]というものである。

　このような制度化の概念に従えば，初期時点で自発的に努力しないという均衡にある企業は，「分業のために自発的に努力する」という戦略を採択するようなルールないしは制度を設計・運用することによって，相対的に短い期間で「質の高いチームワーク」均衡に至ると考えられるのである。このようなマネジメントは，自発的には努力しない従業員という異種の進入や突然変異の発生

を抑制し，「質の高いチームワーク」という均衡の安定に資するので，「質の高いチームワーク」均衡の企業においても有効である。さらに言えば，「分業のために自発的に努力する」という戦略を採択するようなルールないしは制度を設計・運用するというマネジメントは，実質的に「質の高いチームワーク」均衡の企業のマネジメントとも言える。

　ところで，初期時点で自発的に努力しないという均衡にある企業が，「分業のために自発的に努力する」という戦略を採択するようなルールないしは制度を設計・運用することによって「質の高いチームワーク」均衡に至るには，相対的に短いといえども時間がかかる。そのため，「質の高いチームワーク」均衡に至るまでに，従業員が退職・転職してしまったり，企業が十分な利益を獲得できず組織として存続できなかったりする事態が想定され，従業員を長期的に分業にコミットさせることができるとは限らない。そこで，「分業のために自発的に努力する」という戦略を採択するようなルールないしは制度を設計・運用し時間をかけて「質の高いチームワーク」均衡に至るまでゲームを繰り返すのではなく，短期的に，別の方策で従業員の努力を引き出そうとする企業も出てくるであろう。そのような企業は，メンバーは自発的に努力しないということを前提にして，彼らの努力を引き出すためには何をするべきかというアプローチをとる。そのようなアプローチによるマネジメントは，必ずしも「質の高いチームワーク」という関係性のパターンを構築するとは限らないが，チーム全体の目標を達成することは可能であろう。

第2節　関係性のパターンのマネジメント

1　関係性のパターンの分類

　ゲーム論的モデルを用いた分析によって，自発的に努力するという均衡と自発的には努力しないと2つの均衡が得られることが示された。そして，モデル

のインプリケーションとして,「質の高いチームワーク」が分業を開始するだけで自然発生的に生じること,および「質の高いチームワーク」が得られない企業は従業員の努力を引き出すためのマネジメントが必要となることが明らかになった。

このように分業を前提とする関係性のパターンに2つのタイプがあり,必要とされるマネジメントの内容も異なるので,それぞれのタイプ別にそのマネジメントを考察していかなくてはならない。そこで,関係性のマネジメントを考察する準備として,分業を前提とする関係性のパターンについて検討しておこう。

企業内の関係性のパターンをタイプ分けする準備として,分業においてメンバーが自発的に努力するという均衡を「チームワーク均衡」,自発的には努力しない均衡を「非チームワーク均衡」と呼ぶことにする。

チームワーク均衡では,分業にコミットするメンバーは分業全体の目標達成のために自発的に努力する。この点において,チームワーク均衡における彼らの行動はチームプレーとしてとらえられる。チームワーク均衡においては,分業全体の目標を達成するために,メンバーそれぞれが自己の仕事を行うだけでなく,メンバー間でのコーディネーションが行われる。そのコーディネーションのためには,メンバー間での情報共有が必要であり,目標を達成する上でそれぞれの仕事の進捗度を調整しなければならず,チームプレーがとられるのである。こうしたチームプレーはメンバー間の連携や協力のもとに成り立つので,チームワーク均衡における関係性のパターンは,連携や協力という相互依存関係としてとらえられるのである。

他方,非チームワーク均衡では,分業にコミットするメンバーは分業全体の目標達成のために自発的に努力しない。すなわち,自分が分業全体のために努力しても他者がそうしなければ自己の利益にはならないと考えて,自発的に努力するという行動はとらないのである。この点において,彼らの行動はチームプレーではなく個人プレーとしてとらえられよう。このような非チームワーク均衡を関係性のパターンという視点から考えてみよう。非チームワーク均衡に

おいては，メンバーそれぞれが自発的に自己の仕事を行うことはなく，メンバー間でのコーディネーションも行われない。メンバー間でのコーディネーションが行われないということは，彼らの関係は分断化された（decoupled）状態にあることを意味する。したがって，非チームワーク均衡における関係性のパターンは，連携・協力という相互依存関係としてではなく，相互依存性のない分断化された関係としてとらえられるのである。

　以上の検討から，分業を前提とする関係性のパターンは，チームワーク均衡における連携・協力と，非チームワーク均衡における分断という2つに分類できることが示された。そして，このような関係性のパターンという視点から企業内の関係性のパターンを見ると，連携・協力という相互依存の関係性のパターンを持つチームプレー型パターンと，相互依存性のない分断化された関係性のパターンを持つ分断型パターンに分類されるのである。

2　分断型パターンのマネジメント

(1)　分断型パターンのマネジメントの考え方

　モデルで明らかにされたように，分業を行う場合にメンバーが自発的に努力しないような状況が起こりうるし，そのような状況になるかどうかは分業を実際に開始してみないと分からない。それゆえ，分業を開始して非チームワーク均衡になったときには，組織メンバーの努力を引き出して分業をさせるマネジメントが必要になる。

　分断型パターンでは，チームとして1つの目標を達成しようというモチベーションが分業に参加するメンバーの間で共有されることは期待できず，目標達成に向けてのメンバー間での相互作用や協力も期待できない。すなわち，分断型パターンでは，メンバーの結びつきが分断された（decoupled）状態で分業が行われるのである。そこで，分断型パターンではメンバー間の相互作用や協力が得られないことを前提にして，分業体制を再設計しなおすことが必要になる。すなわち，分業においてある従業員の行動が別の従業員の成果や利得を左右し

ないように，それぞれの従業員が遂行するべきジョブを細分化しジョブの独立性が高くなるように分業をデザインするのである。従業員が遂行するべきジョブを細分化しジョブの独立性を高めれば，従業員が自己の利益を最大にするためには自ら努力してジョブを遂行しなければならなくなる。その上で，従業員に与えられた仕事を遂行させるようなマネジメント・コントロール（Management Control）が行われるのである。

マネジメント・コントロールは，一般に「組織戦略を実行するために，経営者が組織メンバーに影響を与えるプロセス」[7]と定義され，そのプロセスは次のような活動から構成される（Anthony and Govindarajan [2001]）。

- 組織がするべきことを計画すること
- 組織の部門の活動をコーディネートすること
- 情報を伝達すること
- 情報を評価すること
- どんな行動をとるべきかを決定すること
- 人々が行動を変えるように影響を与えること

このような活動から構成されるマネジメント・コントロールを分断型パターンにおいて適用する場合，分業のデザインが計画と部門の活動のコーディネートに相当する。その上で，行動の決定と人々への影響を与える経営手法が用いられると考えられるのである。

行動の決定と人々への影響を与えるということについてさらに検討してみよう。どんな行動をとるべきかを決定することと行動を変えるように影響を与えることは表裏一体であり，組織メンバーのとるべき行動を決めると，経営者はその行動から逸脱する行動をとらせないように組織メンバーに影響を与えると考えられる。この場合，逸脱の範囲をどの程度許容するかに関して，次のような2つの考え方がある。1つは，ある目標を達成するための行動を詳細に決めてその行動からの逸脱をほとんど全く許容しないという考え方である。もう1

つは，ある目標を達成するための行動は詳細には決めないである程度の自由裁量の余地を与えるという考え方である。とるべき行動からの逸脱を禁止するようなマネジメント・コントロールはタイトなコントロールであり，このようなマネジメント・コントロールを Simons [1995a, 1995b] は Diagnostic Control Systems としてとらえている。彼によると，Diagnostic Control Systems は狭義のコントロール概念で，計画に対する進捗度を測定することによって目標が確実に達成されるようにすることを意図するものだと説明される。

　分断型パターンでは，自由裁量の余地を与えるとメンバーは「努力しない」という戦略をとる。したがって，分断型パターンでは，ある目標を達成するための行動を詳細に決めて，その行動からの逸脱をほとんど全く許容しないという考え方に基づいて，とるべき行動からの逸脱を禁止するようなマネジメント・コントロールが行われると考えられるのである。すなわち，分断型パターンのマネジメントの基本的な考え方は，Diagnostic Control Systems だと言えるのである。

　分断型パターンのマネジメントが Diagnostic Control Systems であることが明らかにされたが，それを設計・運用するには，目標を明示すること，そして目標を達成するための行動を詳細に決める必要がある。このことは分断型パターンの関係性に影響を与えると考えられるので，以下で検討してみよう。

　分断型パターンでは，分業に参加する従業員はともに「努力しない」均衡にある。このような均衡に至るのは，従業員のうち誰かが努力する場合，それは他の努力しない従業員を利することになり，努力する従業員自身の利益にはならないからである。したがって，分断型パターンにおいて従業員の努力を引き出すためには，努力に対する成果が努力した従業員自身の利益になるようにしなければならない。そうすれば，従業員のうち誰かが努力しても，そのことによって別の従業員を利することはなくなり，自己の利益を大きくするためには自身で努力するようになるからである。

　努力に対する成果が努力した従業員の利益になるようにするためには，分業において，ある従業員の行動が別の従業員の成果を左右しないように，それぞ

れの従業員が遂行するべきジョブを細分化しジョブの独立性を高めることが有効である。従業員が遂行するべきジョブを細分化しジョブの独立性を高めれば，従業員が自己の利益を最大にするためには自ら努力してジョブを遂行しなければならなくなる。

　分断型パターンにおいて，個々の組織メンバーが行うジョブを細分化しそれぞれが独立性を持つような分業がデザインされると，その結果，分業にコミットするメンバーの間の分断化の程度はますます大きくなる。そして，メンバー間の関係が完全に分断化される一方で，分断型パターンにコミットする一人一人の組織メンバーに経営者がジョブの遂行を任せるという関係が生じると考えられる。このことは，経営者と分断型パターンにコミットする組織メンバーとの間にエイジェンシー関係が成立することを含意する。したがって，分断型パターンのマネジメントとしての Diagnostic Control Systems は，もはやチームワークや協働・協力という視点ではなく，全体としての成果をあげるため従業員とマネージャーとの間のエイジェンシー関係を前提として行われると考えられるのである。ここで，エイジェンシー関係について触れておこう。

　エイジェンシー関係は，「一人の人間が，なんらかの用役を自らに代わって遂行させるべく他の人間と契約関係にある」[8] 状況と定義される。エイジェンシー理論はエイジェンシー関係にあるときエイジェント（agent）がプリンシパル（principal）の利益に合致する行動をとるかどうかを分析するものである。エイジェンシー理論は，一般にエイジェンシー関係の状況下ではエイジェントとプリンシパルとの間に情報の非対称性が存在し，そのためエイジェントがプリンシパルの利益を犠牲にするような機会主義的な行動をとりうることを説明する。エイジェンシー理論ではそうした現象をモラル・ハザード（moral hazard）と言い，モラル・ハザードを回避するための方策として，モニタリング・システム（monitoring system）とインセンティブ・システム（incentive system）を指摘している。

　モニタリング・システムは，エイジェントの行動を監視することによって機会主義的な行動をとらせないようにするものである。しかしながら，エイジェ

ントの行動を監視することはコストがかかるので，伊丹［1987］が指摘するように，モニタリング・システムを独立に設計するよりは他の用途のあるシステムにモニタリング機能を付与する方が望ましいと考えられる。

他方，インセンティブ・システムは，インセンティブを与えることによってエイジェントにプリンシパルの利益に合致するような行動をとらせようとするものである。エイジェントの利益がプリンシパルの利益に連動するように，エイジェントの行動の成果にインセンティブを関連付けることによって，エイジェントにプリンシパルの利益に合致した行動をとらせるのである。例えば，ストック・オプションは，株主と経営者というエイジェンシー関係におけるインセンティブ・システムと位置づけられる。エイジェンシー関係が存在するときには，モニタリング・システムとインセンティブ・システムによってエイジェントの行動をコントロールすることが必要となるのである。

以上をまとめると，分断型パターンにおけるマネジメントは，チーム・メンバーとそのマネージャーとのエイジェンシー関係を前提とした Diagnostic Control Systems だと言えるのである。

(2) 分断型パターンにおける経営手法

ここまでの考察から明らかになったように，分断型パターンにおけるマネジメントは，チーム・メンバーとそのマネージャーとのエイジェンシー関係を前提とした Diagnostic Control Systems である。したがって，分断型パターンにおけるマネジメントでは，エイジェンシー関係の下で個々の従業員に行うべきジョブを遂行させるようなインセンティブ・システムをデザインし運用すること，そして従業員の行動を監視するモニタリング・システムをデザインし運用することが必要になる。以下では，それらについて考察し，具体的な経営手法について検討してみよう。

　a） エイジェンシー関係におけるインセンティブ・システムの修正

分断型パターンにおいては，エイジェンシー関係を前提としたDiagnostic Control Systems が行われる。エイジェンシー関係においては，プリン

シパルとエイジェントの間の利害調整ないしはコンフリクトが分析の焦点となり、エイジェントである個々の従業員は上位者からそれぞれに与えられた仕事を遂行することが要求される。このような状況では、分業は、ある従業員の利得が他者の行動に左右されないように細分化された作業の体系としてデザインされる。そのような分業体制においては、各自の行動が他者の利得にどう影響するかということは考えないし、個々の従業員の報酬は他者の行動に依存せず目標の達成度（ひいては努力水準）に応じて決めることができるのである。したがって、エイジェンシー関係を基礎とする分断型パターンでは、表2－1のような利得表を修正したインセンティブ・システムが必要となる。この点を検討してみよう。

　従業員Aの報酬は、基本給部分に相当するB_Aと成果に連動したRから構成される。ただし、分業はある従業員の利得が他者の行動に左右されないように細分化された作業の体系としてデザインされているので、Rは他の組織メンバーの行動の影響は受けないものとする。このとき、従業員Aの利得は、B_A+Rと式に表すことができる。成果は努力の水準で決まると考えれば、B_A+Rは、B_A+sE_Aと書き換えられる。このようなインセンティブ・システムでは、努力して成果をあげれば利得が大きくなるが、努力しなくてもB_Aという利得が得られるので、「努力しない」という選択を取る可能性があり、必ずしも努力を引き出せるとは限らない。そこで、努力しない場合には報酬を減らすというペナルティを課すことにし、努力しているかどうかを知るためにモニタリング・システムを活用し、努力を測定する尺度として、目標の達成度を用いることにする。言い換えれば、目標を達成するのに必要な努力（E_A^*とする）と実際の努力E_Aを比較し、$E_A^*>E_A$ならば報酬を減らし、$E_A^*<E_A$ならば報酬を増やすようなインセンティブ・システムを設計するのである。式で示せば、$E_A^*<E_A$のとき、$s>0$、$E_A^*>E_A$ならば$s<0$ということになる。この場合、目標を達成したときにはB_A+sE_A（$s>0$）の利得を受け取るが、目標を達成できないときの利得はB_A+sE_A（$s<0$）になる。したがって、$E_A^*<E_A$のと

きのsの値，$E_A^* > E_A$のときのsの値を適切に決めると，従業員にとって目標を達成するように努力することが最適な戦略となるのである[9]。

　このようなインセンティブは，従業員の努力を引き出すものである。しかしながら，この努力はそれぞれの従業員が与えられた仕事を遂行するための努力であって，チーム・メンバー間の協力や連携のためにまで発展するものではない。むしろ，それぞれが与えられた仕事を遂行する上で，チーム・メンバー間の協力や連携はそれぞれの仕事を遂行するのに無関係なので，協力や連携という行動をとらせないように作用するのである。

　分断型パターンにおいてジョブを細分化し適切なインセンティブ・システムを実施すると，従業員間の協力や連携を生み出すことはできないが，少なくとも従業員の努力を引き出すことは可能になる。

　そうしたインセンティブ・システムの具体的なものとして，Taylor [1910]の差別的出来高給制度をあげることができる。差別的出来高給制度は，タイム・スタディなどに基づいて目標（ノルマ）を設定し，その目標を達成した場合には高い賃率が適用され，達成できない場合には低い賃率が適用される，という報酬プランである。このような差別的出来高給制度は目標を達成できるかどうかで報酬が大きく変わるものなので，従業員に目標を達成しようという強いインセンティブを提供する。

　差別的出来高給制度は製造現場でのタスクを前提としているが，その基本的なコンセプトを製造現場以外に適用していくと，業績に連動した報酬プランとして一般化することができる。

b）モニタリング・システム

　先に見たように，モニタリング・システムを独自に構築・運用するコストがかかるので，用途のあるシステムにモニタリング機能を付与する方が望ましい。こうしたモニタリング機能を付与するのに適したシステムとして，内部監査制度（コントローラー制度）をあげることができる。コントローラー制度は会計のマネジメントへの応用の1つであるので，コントローラー制度のモニタリング機能については次章で考察する。

3　チームプレー型パターンのマネジメント

(1)　チームプレー型パターンのマネジメントの考え方

　モデルで説明したように，チームワーク均衡が得られるかどうかは分業を開始してみないと分からないが，分業を開始してチームワーク均衡に至ったときにチームプレー型パターンが成立する。チームプレー型パターンは従業員が企業の目標達成に向けて自発的に努力するという状況であり，彼らが仕事を行うかどうかに関わるインセンティブと個々の仕事のコーディネーションという経済的な問題が生じていない状況だと言えよう。このようなチームプレー型パターンの特徴が「質の高いチームワーク」として認識され，コラボレーションを促進し知識創造を生み出すような関係性のパターンに発展すると考えられるのである。チームプレー型パターンは，全体として1つの目標を達成しようというモチベーションが分業に参加するメンバーの間で共有され，目標達成に向けてのメンバー間での相互作用も期待できる。

　上記のような特徴を持つチームプレー型パターンのマネジメントを考察すると，その本質はチームプレー型パターンのメンバーが全体の目標達成に向けて自発的に努力するという「質の高いチームワーク」という関係性のパターンを維持することだと理解することができる。このことは，分断型パターンのマネジメントが分断という関係性のパターンを前提として，割り当てた仕事を個人に遂行させるように個人の能力を引き出そうとすることとは基本的に考え方が異なる。

　「質の高いチームワーク」という関係性のパターンを維持するためには，チームワーク均衡が得られたゲームのフレームワークを変えないようにしその均衡を維持することが必要である。ゲームのフレームワークを維持するためには，利得表を変えないことが必要であり，そのためには報酬プランを変更しないことが望ましい。なぜなら，分断型パターンのマネジメントのようなインセンティブ・システムを導入すると，チーム・メンバーの一人一人の努力を引き出すことはできても，チーム・メンバー間の協力・連携を構築することはできな

いからである。したがって，チームワーク型パターンでは，報酬プランをインセンティブ・システムではなく成果配分としてデザインし，運用することが必要になるのである。また，モデルで説明したように，ゲームが繰り返されるときにはチームワーク均衡のみが得られるので，チームワーク型パターンを維持する上でチーム・メンバーを長期間チームワークにコミットさせることが有効である。

さらに，「質の高いチームワーク」という関係性のパターンを維持するためには，ゲームのフレームワークを変えないようにするだけでなく，メンバーがチームプレー型パターンを損なうような行動をとるのを防ぐ仕掛けが必要になる。この点について見てみよう。

チームプレー型パターンが構築されている企業が，新規に従業員を採用するケースを考える。この従業員がチームプレー型パターンの企業に採用される場合，その利得表は表2－1のとおりである。このとき，当該従業員にとって自己の利得を最大にする戦略は「自発的には努力しない」という戦略であり，当該従業員の「自発的には努力しない」という行動は，経済学的には「フリー・ライダー（Free Rider）」と言われるものである。フリー・ライダーが増加すると，最終的にはチームプレー型パターンは崩壊してしまうだろう。新規採用でなくても既存の従業員の中からも突然変異としてフリー・ライダーが現れてくるかもしれない。したがって，このようなフリー・ライダーを排除することが，チームワーク型パターンのマネジメントに求められるのである。

フリー・ライダー問題を解消するためには，2つのアプローチが考えられる。1つは，フリー・ライダーを発見し排除することである。これは，従業員の行動をモニターすることによってフリー・ライダーを発見し，そうした行動を是正するというものである。モニタリング・システムがその役割を果たすと考えられる。

もう1つのアプローチは，フリー・ライダーという行動を選択しないという戦略を従業員に強制することである。このアプローチが，先に述べた「制度化」である。制度化は，自発的には努力しない従業員という異種の進入や突然変異

第2章　企業内の関係性のパターンについての理論的分析とそのマネジメント　35

の発生を抑制し,「質の高いチームワーク」という均衡の安定に資する。このような制度やルールは,具体的には,メンバーが自発的に努力するという行動を変えないようにマネジメント・コントロールを実施するということになる。ただし,このようなマネジメント・コントロールとして,Diagnostic Control Systems を用いることは不適切であろう。なぜなら,Diagnostic Control Systems は個別に与えた目標を達成する行動以外の行動をとることを禁止し,フリー・ライダーではない従業員が必要に応じてメンバー間で協力するのを妨げるように作用するからである。その結果,Diagnostic Control Systems を実施すると,メンバー間の相互作用を阻害するだけでなく,チームプレー型パターンを崩壊させるおそれもあろう。

Simons [1995a, 1995b] は,Diagnostic Control Systems が個別に与えた目標を達成する行動以外の行動をとることを禁止するため,その結果としてメンバーが創造的な行動をとることを抑制してしまうという問題を指摘している。そこで,このような Diagnostic Control Systems の欠陥を補うマネジメント・コントロールとして,Belief Systems, Boundary Systems, Interactive Control Systems を提唱している。それぞれについて簡単に説明しておこう。

Belief Systems は,新しいチャンスを探索することを奨励することを意図しており,従業員に理解してほしいと上位者が考えている価値観や方向を明示するのに利用されるマネジメント・コントロールである。組織内の異なった多くのグループに充分訴えることができるようにデザインされる。Belief Systems の背景には,従業員は,上位者の行動を見て,企業の信念が深く根付いた価値を表していると信じたときのみ,その目標を達成しようとするという考え方がある[10]。

Boundary Systems は,組織においてルールを定め行動を規定する役割を果たす。すなわち,禁止事項を「〜してはいけない」というネガティブな表現で明確にし,それ以外の行動については自由を認めるというマネジメント・コントロールである。Boundary Systems の背景には,明確に定義された範囲の中で何をすべきでないかを示したほうが革新を促すという考え方がある[11]。Belief

SystemsとBoundary Systemsは陰と陽との関係にあり，両者が共同で作用するとダイナミックなコントロールを創り出すとSimons [1995a，1995b] は述べている。

Interactive Control Systems は，組織の上位者が下位者の意思決定に定期的かつ個人的に関与することによって戦略的不確実性に焦点をあて，競争についての脅威とチャンスとを学習させるものである。具体的には，マネージャーが部下の意思決定に定期的かつ個人的に関与するために用いるフォーマルな情報伝達システムである。それは，競争に関する情報を共有させ，上位者の関与によって組織目標を理解させ，その結果として望ましい行動をとらせることを意図するものである[12]。

そこで，チームプレー型パターンを崩壊させる可能性のある Diagnostic Control Systems ではなく，Belief Systems, Boundary Systems, Interactive Control Systems を活用して，フリー・ライダーを排除することが適切だと考えられるのである。すなわち，フリー・ライダーに相当する行為だけを禁止し，それ以外の行動については禁止しないようなマネジメント・コントロールとして Boundary Systems を活用し，Belief Systems によってチームワークについての価値観を共有し，Interactive Control Systems によってメンバーに関与するのである。

(2) **チームプレー型パターンの経営手法**

チームワーク型均衡を維持するようにゲームのフレームワークを変えないという観点からは，利得表を変えないことおよびゲームが繰り返される状況を作ること，さらに言えば，自発的には努力しない従業員という異種の進入や突然変異の発生を抑制し，チームワーク均衡の安定に資するような制度やルールを設計・運用することが有効である。

表2－1のようなゲームが繰り返される状況を作るという観点からは，長期雇用制度が有効だと考えられる。長期雇用制度は，一般には，ある企業が採用した従業員は長期間その企業の正社員として働くという制度として理解される。

彼らは，長期にわたって1つの企業で顧客価値創造活動という分業にコミットし，ゲームが繰り返されることになる。そのため，利得表が変更されない限りチームワーク均衡が維持される。

長期雇用制度は，年功制と一緒に論じられることが多い。そこで，年功制についても検討してみよう。年功制は，一般的には，表2-1で示されるB_A,B_Bが勤続年数に応じて決定されるような報酬プランである。勤続年数の長い従業員の方が勤続年数の短い若年層よりも多くの報酬を受け取ることになる。しかしながら，年功制は長期的に勤続することによって利得が増加するような報酬プランなので，従業員が長期的に利得を多くしようとすれば，長期的に勤務することが最適な戦略となる。そのため，年功制は，従業員を長期にわたって1つの企業で顧客価値創造活動という分業にコミットさせるように作用し，ゲームが繰り返されることになり，利得表が変更されない限りチームワーク均衡を維持するように作用するのである。

長期雇用制度と年功制がゲームの繰り返される状況を作ることによってチームワーク均衡を安定させる一方で，フリー・ライダーという異種の進入や突然変異の発生を抑制しチームワーク均衡の安定に資するような制度やルールとなる Boundary Systems, Belief Systems, Interactive Control Systems として，QCサークルなどの小集団活動，OJTやジョブ・ローテーションなどが考えられる。

人間関係論の教えるところによると，グループ内のルールがグループ・メンバーの行動に影響を与えるとされる。そのようなルールによってフリー・ライダーに相当する行為を禁止することができよう。したがって，QCサークルなどの小集団活動は第一義的には Boundary Systems として機能すると考えられ，副次的に Belief Systems や Interactive Control Systems としての効果も持つと考えられるのである。Ouchi [1979] は企業内で形成されるそうした小集団によるマネジメント・コントロールを Clan Control と定義し，価値観と信念についてのメンバー間の合意に基づくコントロールだと説明している。それはメンバーが「正しい行い」についての合意に基づき，それへのコミットを要

求するのである。

　また，OJTやジョブ・ローテーションも，フリー・ライダーという異種の進入や突然変異の発生を抑制しチームワーク均衡の安定に資するような制度やルールとして機能すると考えられる。OJTは従業員教育の手段ではあるが，その際にトレイニーがトレイナーの行動を見て企業の信念が深く根付いた価値を表していると信じることができれば，OJTは Belief Systems として作用し，チームワーク均衡の安定に寄与する。また，トレイナーがトレイニーにチームワーク均衡の安定のためにしてはいけないことを明示すれば，Boundary Systems としても作用すると考えられるのである。

第3節　ま　と　め

　本章では，顧客価値創造プロセスをいろいろな活動に分解し分業を行う場合に，企業の組織メンバー間でどのような関係性のパターンが生じるかを考察した。その考察を通して，分断型パターンあるいはチームプレー型パターンが構築されることをモデルによって明らかにし，そのためのマネジメントのあり方を明らかにした。以上をまとめると，図2－2のように示すことができる。

　最後に，それぞれのマネジメントがそれぞれのパターンを安定化する（視点を変えれば，パターンの変更を困難にする）作用について触れておく。

　マネジメント・コントロールは，組織メンバーの行動に影響を与える。このことは，個人の戦略の採択に影響を与えるということであり，企業にとって望ましい戦略の採択を強制する「制度」として位置づけられるのである。すでに述べたように，制度化が経済システムの安定に資するという点に着目すると，マネジメント・コントロールは，それを実施する企業のシステムである関係性のパターンを安定化させるように作用すると考えられる。

　さらに，制度に関して次のことが指摘される。すなわち，「一経済における制度の体系が，もともと，その基底にある進化ゲームにおける補完的戦略を反

第2章　企業内の関係性のパターンについての理論的分析とそのマネジメント　39

図2-2　企業内の関係性のパターンとそのマネジメント

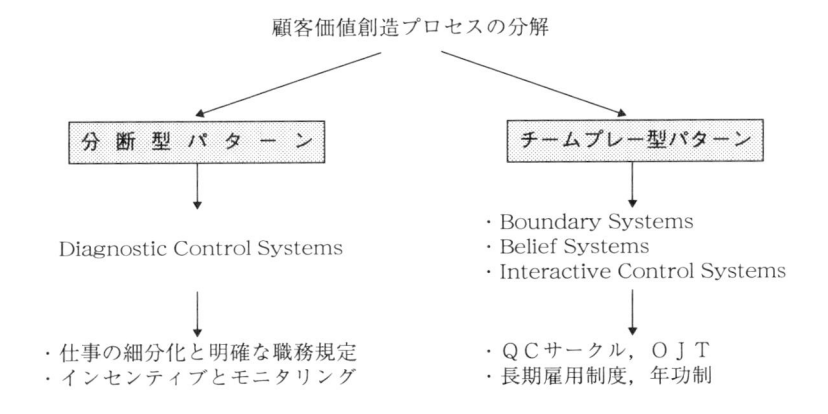

```
                    顧客価値創造プロセスの分解
                    ／            ＼
        ┌─────────────┐      ┌─────────────────┐
        │ 分断型パターン │      │ チームプレー型パターン │
        └─────────────┘      └─────────────────┘
               ↓                      ↓
                              ・Boundary Systems
        Diagnostic Control Systems    ・Belief Systems
                                      ・Interactive Control Systems
               ↓                      ↓
        ・仕事の細分化と明確な職務規定    ・QCサークル，OJT
        ・インセンティブとモニタリング    ・長期雇用制度，年功制
```

映したものであるならば，その体系の要素のあいだにも補完性が存在する」[13]というものである。このような補完性は「制度的補完性（institutional complementarity）」と定義される。そして，「制度的補完性が存在すると，ある制度要素を他の制度要素から独立に変更しようとしても，その有効性は限られてくる」[14]のである。

　関係性のパターンのマネジメントは組織メンバーの補完的戦略を反映して形成されているので，関係性のパターンとそのマネジメント・システムの間には制度的補完性が存在すると考えられる。そして，マネジメント・コントロール・システムを個々の経営手法（例えば，分断型パターンにおけるインセンティブ・システムとモニタリング・システム，チームプレー型パターンにおける長期雇用制度と年功制）から構成される体系として見れば，そうした経営手法の間にも制度的補完性が存在すると考えられるのである。以上のことから，関係性のパターンのマネジメントは関係性のパターンを安定させるように作用すると考えられるのである。このことは，経営環境の変化に企業がうまく適応できないことを説明するものでもある。マネジメントの体系に組織メンバーの行動を反映した制度的補完性が存在している場合には，他企業で効果をあげた経営手法を導入して

も，その他のマネジメント・システムを変更しない限り，そうした経営手法の効果はきわめて限定的なものになってしまうであろう。

(注)
1) 厳密には，分業状態で自己（他者）の行動が他者（自己）の利得に影響を与えると各人が認識するかどうかは，分業体制の規模による。分業の程度が極めて大きく，多数の従業員がそれぞれ細分化された作業を行うような状況では，各自の行動が他者の利得にどう影響するかということは考えないかもしれない。しかしながら，ここでの考察の焦点は，分業において協力関係が成立するか，そして協力関係が成立しない場合の分業のデザインのあり方（例えば，作業をどの程度細分化すればよいかなど）を明らかにすることにあるので，各人が他者の行動の影響を認識するという前提で分析を行う。
2) モデルの構築に際して，Kreps [1990], Gibbons [1992] を参照した。
3) 青木 [1995], 90頁。
4) 青木 [1995], 90頁。
5) 青木 [1995], 90頁。
6) 青木 [1995], 90頁。
7) Anthony and Govindarajan [2001], p.6.
8) 伊丹 [1987], 70頁。
9) なお，エイジェントである従業員とプリンシパルである上位者との間に情報の非対称性が存在する場合には，目標の設定についてコンフリクトが生じるという問題がある。このことについては，第3章の予算管理において検討する。
10) Simons [1995a], pp.82-84.
11) Simons [1995a], pp.84-85.
12) Simons [1995a], pp.86-87.
13) 青木 [1995], 91頁。
14) 青木 [1995], 91頁。

第3章　企業内の関係性のパターンと管理会計

　前章において，企業内の関係性のパターンを分析し，そのマネジメントについて考察を行った。その結果，企業内における関係性のパターンには，分断型パターンとチームプレー型パターンという2つのタイプがあることが理論的に明らかにされ，それぞれの内容が異なることを明らかにした。さらに，それぞれのタイプに応じたマネジメントの内容について明らかにした。

　それらを踏まえて，本章では，企業内の関係性のパターンと管理会計について考察する。その考察は，コラボレーションを生み出す関係性のパターンの構築に貢献し，コラボレーションを生み出す仕掛けとしての管理会計を明らかにするうえで重要な含意を与える。

第1節　分断型パターンと管理会計

1　分断型パターンのマネジメントと管理会計

　前章で考察したように，分断型パターンという関係性のパターンは，チーム・メンバー間の間では協力や連携が行われないという分断されたパターンである。こうした分断型パターンにおいて，メンバーの努力を引き出すために個々のチーム・メンバーとマネージャーとの間にはエイジェンシー関係という関係

性のパターンが人為的に構築されるのである。そして，マネージャーと一人一人のチーム・メンバーとの間のエイジェンシー関係を前提とした Diagnostic Control Systems が導入・運用されることになる。

　Diagnostic Control Systems は狭義のコントロール概念であり，計画に対する進捗度を測定することによって組織メンバーに目標を確実に達成させるように機能する。このような Diagnostic Control Systems の仕掛けとして，インセンティブ・システム（例えば，業績給制度や Taylor の差別的出来高給制度など）とモニタリング・システムが必要であることを前章で見てきた。

　分断型パターンの Diagnostic Control Systems にとって，管理会計は適合性が高く有用性も高いと考えられる。なぜなら，管理会計の会計的な計算技法によって計画に対する進捗度を測定できるからである。しかも，会計的計算は経済的価値に関わる事象を測定対象としており，多様な次元の事象を貨幣数値という統一的な尺度で測定するという特質がある。そのため，企業経営において，様々な計画（例えば，R＆D活動に関わる計画，生産活動に関わる計画，販売活動に関わる計画など）をコストや利益という統一の尺度で示すことができ，多様な部門について計画に対する進捗度を全社的な統一尺度で測定できるようになるのである[1]。さらに，貨幣的測定を補完する非財務的測定も用いれば，貨幣数値に統合（aggregate）される前の物量単位で現場レベルの進捗度を測定できるのである。

　以上のように，分断型パターンのマネジメントでは，管理会計は Diagnostic Control Systems のサブ・システムとして目標を確実に達成するように計画に対する進捗度を会計的に測定するという役割を果たす。そのような計画に対する進捗度や達成度を測定する代表的な管理会計手法として，実務および文献において一般的に認知されているものは，予算管理，標準原価計算，業績管理会計などであろう。

　また，エイジェンシー関係という視点からアプローチする管理会計研究も数多く存在し，エイジェンシー関係で用いられる管理会計手法について説明されている。例えば，比較的初期にエイジェンシー理論と管理会計の広範なサーベ

イを行った Baiman [1982] は「責任会計」,「予算編成」,「原価配分」の3つの管理会計手法を取り上げている。特に，予算管理については，エイジェンシー理論のフレームワークに依拠し，インセンティブ・システムのデザインという視点から多くの研究が行われている（例えば，伊丹 [1985], Penno [1990], Walker and Johnson [1999] など）。

以上をまとめると，分断型パターンのマネジメントにおいて管理会計は，Diagnostic Control Systems の重要な仕掛けとして，目標を確実に達成するように計画に対する進捗度を会計的に測定するという役割を果たし，さらに，エイジェンシー関係という点ではメンバーに目標を確実に達成させるように作用するインセンティブ・システムとしての役割を果たすことが期待されるのである。

2　分断型パターンのマネジメントのための管理会計手法

前述のように，分断型パターンのマネジメントにおいて，管理会計は目標を確実に達成するように計画に対する進捗度を会計的に測定するという役割を果たす。そのための管理会計手法として，予算管理，標準原価計算，業績管理会計があげられるのである。ここでは，それらについて考察してみよう。

(1) 標準原価計算

標準原価計算は，Harrison が原価計算に標準という概念を導入したことによって成立したとされる（Sowell [1973]）。原価計算に標準という概念を導入するというアイディアは会計担当者ではなくエンジニアのアイディアであり，この背景には Taylor の科学的管理法の考え方がある。その意味では，標準原価計算は，コスト・マネジメントへの科学的管理法の応用と言える。今日まで標準原価計算について多くの研究がなされてきたが，標準原価計算は科学的管理法を応用したコスト・マネジメントのツールとして位置づけられている。

こうした標準原価計算が Diagnostic Control Systems として果たす役割について考察する準備として，標準原価計算の計算技法という側面について見て

おこう[2]。

　標準原価計算では，製品原価を構成する直接材料費，直接労務費，製造間接費について製品1単位あたりの標準原価が設定され，その標準原価によって製品原価が算定される。計算式で示すとすれば，次のようになる。

　　　製品原価＝標準原価
　　　　　　　＝標準直接材料費＋標準直接労務費＋標準製造間接費
　　標準直接材料費＝標準材料消費量×標準材料単価
　　標準直接労務費＝標準作業時間×標準賃率
　　標準製造間接費＝標準配賦基準量×標準配賦率

　標準の設定方法には，歴史的データの分析とタスク分析（Task Analysis）とがある（Hilton, et. al.［2000］)。タスク分析はタイム・スタディや動作研究を用いながら標準を設定するという方法で，これは Taylor の科学的管理法に基礎を置く方法である。さらに，標準原価を設定する上で達成可能度も考慮する必要がある。達成可能度という視点からは，理想標準原価と現実的標準原価とに分けられる。

　標準が設定され，実際の活動が行われた後，実績との比較が行われる。これが原価差異分析である。原価差異分析は，直接材料費，直接労務費，製造間接費について行われる。具体的には，以下のように差異が算定される[3]。

　　材料価格差異＝(標準材料単価－実際材料単価)×実際材料消費量
　　材料数量差異＝標準材料単価×(標準材料消費量－実際材料消費量)
　　賃率差異＝(標準賃率－実際賃率)×実際作業時間
　　作業時間差異＝標準賃率×(標準作業時間－実際作業時間)
　　予算差異(消費差異)＝実際製造間接費－実際作業時間における変動予算[4]
　　変動費能率差異＝変動比率×(標準作業時間－実際作業時間)
　　固定費能率差異＝固定比率×(標準作業時間－実際作業時間)

操業度差異（不働能力差異）＝固定比率×（基準作業時間－実際作業時間）

　標準原価計算は科学的管理法を応用したコスト・マネジメントという管理会計手法として位置づけられる。すなわち，科学的管理法のツールであるタイム・スタディや動作研究によって標準を設定し，その標準を達成するための管理を行い，実際原価と標準原価との差異分析によってコスト低減活動の評価や問題点を発見するというコスト・マネジメントである。標準原価計算は，以上のような会計的計算技法によって，コスト・マネジメントに貢献するのである。

　さて，標準原価計算は上記のような会計的計算技法を持つコスト・マネジメントのツールであるが，実際にコスト・マネジメントの努力をするのは，生産・調達などにコミットしている組織メンバーであって，管理会計担当者がコスト・マネジメントに直接コミットしたり，自らがコスト低減のための活動を行ったりするわけではない。その意味では，標準原価計算は，生産・調達などにコミットしている組織メンバーのコスト・マネジメントのための努力を促すように作用する。このような標準原価計算は，標準原価を従業員が達成するべき目標として位置づけることによって，目標を確実に達成するように計画に対する進捗度を会計的に測定するという役割を果たすようになる。言い換えれば，標準原価を従業員が達成するべき目標として位置づけることによって，標準原価計算は生産活動や調達活動という価値活動にコミットする組織メンバーにとってDiagnostic Control Systemsとして作用するのである。この点について，Hilton, et. al.［2000］は，本質的に標準原価計算は製品についてのコスト責任者に対する予算であるととらえ，標準原価は予算統制におけるベンチマークとして利用されると述べている[5]。

　しかしながら，Diagnostic Control Systemsとして標準原価計算を活用する場合，原価維持を促進しても原価改善を促進するとは限らない。なぜなら，メンバーはその標準を達成するために，作業方法についてのマネージャーが指示する通りに行動することが要求され，それ以外の行動をとることが制限されるからである。特に，分業をデザインするマネージャーがタイム・スタディや動

作研究を行って理想的標準を設定する場合には，そのような標準はチームの外部から強制されるものとしてメンバーに受け止められ，作業方法についても詳細なマニュアルに従うことが要求される。さらに言えば，標準原価計算制度をこのように運用すると，それぞれの仕事を遂行するために指示された行動ではないメンバー間の協力・連携という行動は許されなくなり，チームプレー型パターンという関係性のパターンの構築を妨げるように作用するのである。

(2) 予算管理

予算管理については，Mckinsey が予算について最初の書物[6]を著したことによって企業予算管理が制度的に確立したとされる（小林 [1987]）。その後の企業予算の発展について，小林 [2002] は「近代的な分権的管理組織の普及の伴う統合化の必要に答えるべく発展した」[7]と分析し，その上で予算管理を「集権的な管理を実行するための総合的な利益管理の手段として定義する」[8]のである。このことは，意思決定の権限委譲が想定される状況で，予算管理には権限が委譲された組織メンバーの行動を統制することが期待されていることを含意する。前章で見たように，分断型パターンでは分業にコミットするメンバーに与えられた仕事をさせるというマネジメントが必要である。権限が委譲された組織メンバーの行動を統制することを目的とする予算管理はそのための具体的な手法としての役割が期待される。その意味において，予算管理は本来的にDiagnostic Control Systems としての性格を有すると考えられるのである。

では，分断型パターンにおける予算管理について考察していこう。

予算管理は，一般に，予算編成と予算統制という2つのプロセスに分けられる。はじめに，予算編成および予算統制の計算技法について見ておこう[9]。

予算編成は企業の経営計画を具体的な利益計画に展開していくプロセスであり，その作業は販売予測から始まる。販売予測は，①一般的な経済状況，②業界のトレンド，③市場調査，④予定している広告・販売促進活動，⑤過去の市場シェア，⑥価格の変更，⑦技術進歩などの要因を考慮して，販売部門とトップ・マネジメントなどから構成される予算委員会が行う（Weygandt, et. al.

[1999])。こうした販売予測に基づいて，販売予算が編成される。販売予算が編成されると，それに従って生産計画が決まるので，製造予算が編成される。さらに製造予算は，製造原価に関わる直接材料費予算，直接労務費予算，製造間接費予算へと展開される。そして，販売費・一般管理費について予算が編成される。この時点で予算損益計算書が作成される。

以上は，利益計画に直接関わる予算編成であるが，さらに，キャッシュ・フローについての予算が編成される。なぜなら，キャッシュ・フローの管理は企業の資金繰りにとって重要であり，また設備投資などの資本支出にも影響を与えるからである。キャッシュ・フロー予算は，売上債権の回収，仕入債務の返済，その他の財務活動に基づいて編成される。このようなキャッシュ・フロー予算編成に続き，予算期間の期末時点における予算貸借対照表が作成されるのである。以上が予算編成プロセスであり，その全体は総合予算（Master Budget）と言われる。総合予算は損益予算（販売予算，製造予算，直接材料費予算，直接労務費予算，製造間接費予算，販売費・一般管理費予算，予算損益計算書）と財務予算

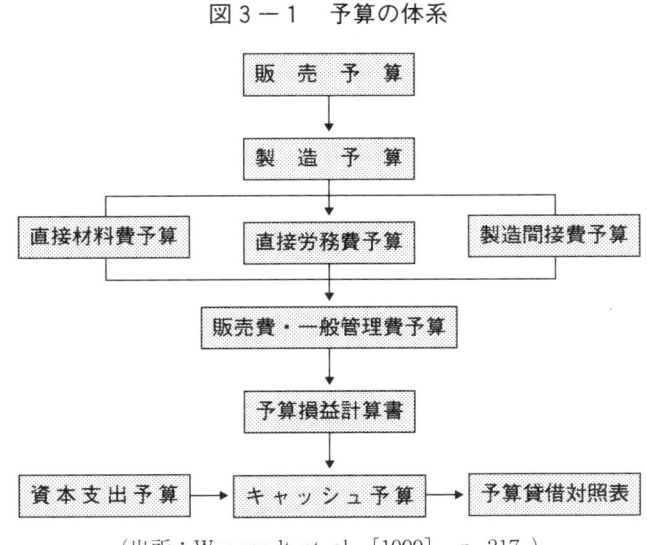

図3－1　予算の体系

```
            ┌─────────────┐
            │  販 売 予 算  │
            └──────┬──────┘
                   ↓
            ┌─────────────┐
            │  製 造 予 算  │
            └──────┬──────┘
       ┌───────────┼───────────┐
       ↓           ↓           ↓
  ┌─────────┐ ┌─────────┐ ┌─────────┐
  │直接材料費予算│ │直接労務費予算│ │製造間接費予算│
  └─────┬───┘ └────┬────┘ └────┬────┘
        └──────────┼──────────┘
                   ↓
         ┌─────────────────┐
         │ 販売費・一般管理費予算 │
         └────────┬────────┘
                  ↓
         ┌─────────────┐
         │  予算損益計算書  │
         └────────┬────┘
  ┌─────────┐    ↓      ┌─────────────┐
  │資本支出予算│→│キャッシュ予算│→│予算貸借対照表│
  └─────────┘  └─────────┘  └─────────────┘
```

（出所：Weygandt, et. al. [1999], p.217.）

（資本支出予算，キャッシュ・フロー予算，予算貸借対照表）から構成される。その体系は，図3－1のように示される。

このようにして編成された予算と実績を比較すること，つまり差異分析によって計画の進捗度を測定し，目標を達成するような行動をとらせる。これが予算統制のプロセスである。差異分析はそれぞれの予算項目について行われる。

以上のように，予算編成は企業の経営計画を具体的な利益計画に展開していくプロセスであり，予算は目標として提示される。そして，予算統制プロセスでは，予算と実績を比較することによって計画の進捗度を測定し，目標を達成するような行動をとらせる。したがって，以上のような機能を持つ予算管理は，分断型パターンにおいて Diagnostic Control Systems として機能すると考えられる。

さて，このような予算管理が Diagnostic Control Systems としての有用性を持つためには，分断型パターンで生じるエイジェンシー問題を考慮しなくてはならない。予算管理についてエイジェンシー関係におけるインセンティブ・システムのデザインという視点から多くの研究が行われるのは，このためである。このことについて検討してみよう。

エイジェンシー関係において，予算編成と予算統制という2つのプロセスは，プリンシパルとエイジェントの間で目標を設定することと，エイジェントの報酬を予算の達成度に連動して決定することを意味している。

予算編成はすでに述べたように予算委員会が主体となって行うが，トップ・ダウン型の予算編成は上位者であるマネージャーが下位者のメンバーに目標を一方的に与えることになる。このとき，達成することが非常に困難な予算を一方的に与えると，従業員のモチベーションが低下するなどの問題が生じることが指摘されている（例えば，岡本ほか [2003]，Weygandt, et. al. [1999]）。

また，計画機能という点では，予算は目標と実績の乖離を小さくすることを意図したプロセス（deviation-countering process）であるにも関わらず，全社的な目標をサブユニットの目標へ適切に分解できないと，予算は目標と実績の乖離を大きくするプロセス (deviation-amplifying process) として作用するという問

題も生じるのである (Ashton [1976])。

　こうした問題を解消する1つの方策が，マネージャーだけでなく下位者も予算編成に参加させるという参加型予算である。しかしながら，組織の上位者と下位者の交渉プロセスを経て編成される参加型予算をエイジェンシー状況で導入すると，エイジェントとプリンシパルの間に情報の非対称性が生じるため，エイジェントが予算スラック，予算バイアスなどの行動をとるとされる (Walker and Johnson [1999])。そのため，参加型予算は必ずしも最適な予算を編成する手段とは限らないのである。

　このような予算編成上の問題に関して，Chow, et. al. [1988] は，実証分析に基づいて，参加型予算における真実の情報を提供するような報酬制度 (Truth-Inducing Pay Scheme) の有効性を説明している。このような説明に従うと，予算スラック，予算バイアスなどの従業員の機会主義的な行動を排除し，目標達成に向けての努力を引き出す役割は予算統制が果たすことが期待されるのである。

　予算統制は，予算と実績の差異分析によって計画の進捗度を測定し，目標を達成するような行動をとらせるものである。予算は従業員の行動に先立って決められるので，予算で示される目標は，予算統制時には事前目標水準ということになる。先に述べたように，予算編成において予算スラックや予算バイアスなどの機会主義的行動を排除できないとすれば，事前目標水準は従業員が努力しなくても達成できるような水準になる。そこで，従業員の機会主義的な行動を排除し努力を引き出すには，このような事前目標水準に基づく業績評価ではなく，「不確実な環境の現実値を考慮」[10] した評価基準である事後基準に基づく業績評価が望ましいのである。このような事前目標水準，事後基準，実績について，伊丹 [1986] は次のように示している[11]。

　　事前目標水準＝予想される環境×事前計画×あるべき適応的努力水準
　　　　　　　　×現在の能力
　　実　　　績＝現実の環境×事前計画×現実の適応的努力水準×現在の能力

事後基準＝現実の環境×事前計画×あるべき適応的努力水準×現在の能力

　事後基準と実績の差異分析を行うと，従業員の努力水準の差が明確になる（すなわち，あるべき適応的努力水準－現在の適応的努力水準＝努力水準の差として算定される）。したがって，「事後基準を評価基準として用いることができれば，下位者の関心は適応的努力に集中することになる」[12]ので，事後基準を用いて差異分析を行う予算統制プロセスによって従業員の努力を引き出し，予算編成時における予算スラックや予算バイアスを排除することが理論的には可能になるであろう。そして，業績評価基準として事後基準を導入した場合，事前目標水準には「下位者のモチベーションを高める『ターゲット』として機能する」[13]ことが期待されるのである。

(3)　コントローラー制度 (Controllership)

　分断型パターンのマネジメントでは，エイジェンシー問題に対処するために，モニタリング・システムが必要になる。そうしたモニタリング・システムの設計・運用にはコストがかかるので，別のシステムにモニタリング機能を付与することが望ましいことを見てきた。コントローラー制度 (Controllership) は，そのようなモニタリング機能を果たすことが期待される管理会計である。

　一般に，企業において会計職能を遂行するのは，財務部あるいは経理部である。この会計職能には，財務諸表の作成，財務執行業務（資金調達，運用など），計数的管理があると考えられる。これらの職能のうち，計数的管理を行う主体がコントローラーとして位置づけられるのである。

　コントローラーの具体的な職能は，計画，コントロール，報告である。それらの職能のうち，Willson, et. al. [1999] は，統制について「事業目的および計画が達成されるように，業績を測定し修正すること」[14]だと定義している。業績の測定は目標に対して行われるものであり，その意味では，コントローラーによる統制は Diagnostic Control Systems そのものだと言える。

　Willson, et. al. [1999] は，販売，マーケティング，製造，研究開発，一般

管理についてコントローラーが，測定の対象とする目標と業績の項目を具体的に列挙している。例えば，販売については次のような項目を例示としてあげている[15]。

1. 努力に関して
   - 期間あたりに実施した訪問数
   - 見込みのある顧客への訪問数
   - 取引を確立したディーラーや代理店の数
   - 販売促進の努力（例えば，DMの発送数）
2. 結果に関して
   - 見込み客が実際に購入した割合
   - 新製品購入の顧客の数
   - 獲得した新規顧客の数
   - 契約済み売上高
   - 販売数量
   - 獲得した売上総利益
   - 獲得した利益（売上総利益から従業員が管理可能な費用を控除した額）
   - 顧客別の売上
   - 販売した製品の金額・数量
   - 売上高総利益率
   - 契約した注文の平均規模
   - 売上割引と総売上との関係
3. 努力と結果の関係に関して
   - 訪問回数あたりの受注数
   - 見込み客の訪問回数あたり獲得した新規顧客の数
   - 販売促進費用1ドルあたりの受注数あるいは問い合わせ件数
   - 個々の直接販売費項目と販売量や売上総利益との関係
   - 販売管理や監督の費用と販売量や売上総利益との関係

コントローラーは，本来的には，計数的管理による Diagnostic Control Systems であるが，上記のように詳細に業績測定を行うと，組織メンバーが実際にどのような行動をとったかを把握できるようになる。その意味では,エイジェントの行動についてのモニタリング機能をコントローラーが果たしうると考えられるのである。

第2節　チームプレー型パターンのマネジメントと管理会計

1　チームプレー型パターンのマネジメントと管理会計

チームプレー型パターンにおいては，チームワーク均衡を維持するためのマネジメントが行われる。それは，分断型パターンにおける Diagnostic Control Systems とは異なるものであり，会計的な計算技法によって計画に対する進捗度を測定するというような機能はチームプレー型パターンの管理会計には求められない。標準原価計算や予算管理を Diagnostic Control Systems として運用すると，組織メンバーが与えられた目標を達成するための行動をとることを促すけれども,それ以外の行動をとることを禁止してしまい,その結果チームワーク型という関係性のパターンを損なうおそれがあるからである。

第1章でも触れたように，会計をマネジメントに利用するという実務を体系化する必要性と，会計をマネジメントに利用することについての教育の必要性からアメリカにおいて管理会計が成立した。そのことは，当時のアメリカ企業のマネジメントに適合するような計数管理が管理会計の出発点であることを示唆しており，当時のアメリカ企業が差別的出来高給制度などの分断型パターンのマネジメントを行っていたとすれば，伝統的には，管理会計は分断型パターンのマネジメントを前提とした手法と考えられるのである。その意味においては, Belief Systems, Boundary Systems, Interactive Control Systems として

明示的に位置づけられる管理会計手法は存在しないと思われる。したがって，非常に極端な言い方をすれば，チームプレー型パターンでは，狭義のマネジメント・コントロールの手段として作用するような管理会計手法は必要ないと言えるであろう。

もっとも，チームプレー型パターンの企業においても経営計画や利益計画を策定する必要はあるので，標準原価計算や予算管理などの管理会計の有用性は少なからず認められる。しかしながら，分業にコミットするメンバーが自律的にチームワークを行うことを支援するためには，それらの管理会計手法が Diagnostic Control Systems として作用するのを防ぎ，Belief Systems, Boundary Systems, Interactive Control Systems として運用されることが必要なのである。このように考えると，分断型パターンにおける計数管理という性格を有する管理会計をチームプレー型パターンにおける Belief Systems, Boundary Systems, Interactive Control Systems として運用していくためには，管理会計で扱われる会計数値を，達成を強制するような目標や報酬にリンクさせた業績評価尺度として用いることを止める必要があろう。そうすれば，Diagnostic Control Systems の影響を回避できる。その上で，チームプレー型パターンのメンバーが自律的にチームワークを行う際に必要な情報を提供するシステムとして運用される管理会計が，Belief Systems, Boundary Systems, Interactive Control Systems としての機能を果たすと考えられるのである。

2 チームプレー型パターンのための管理会計手法

前述のように，チームプレー型パターンのマネジメントにおいて，管理会計はチームプレー型パターンのメンバーが自律的にチームワークを行う上で必要な情報を提供するシステムとしての役割を果たす。そうした情報を提供することによって自分たちの成果を確認し，モチベーションを高めるのに貢献するような管理会計手法として，ここでは，分断型パターンにおける標準原価計算や予算管理と対比するような形で，参加型予算と原価企画について検討してみよ

う。

(1) 参加型予算

　チームワーク型パターンにおいても予算は経営計画上不可欠である。そこで，本来 Diagnostic Control Systems という性格を持つ予算を，Belief Systems, Boundary Systems, Interactive Control Systems として運用していかなければならない。そのためには，予算編成にメンバーを巻き込んでいくことが重要である。

　先に見たように，エイジェンシー状況においてはエイジェントとプリンシパルの間に情報の非対称性が存在するため，参加型予算を実施すると予算スラック，予算バイアスなどの問題が生じる。しかしながら，そうした予算スラック，予算バイアスなどの問題が指摘される一方で，参加型予算には，その編成プロセスにおいて組織メンバー間で私的情報がやり取りされるという効果があることが指摘されている。例えば，Kren [1992] は，業務上の意思決定を促進するような情報をＪＲＩ（Job-relevant information，業務関連情報）と定義し，参加型予算はＪＲＩを通して業績を改善することを実証分析によって明らかにしている。また，予算編成への参加は，従業員のモラールやモチベーション，満足度を高める効果もある(Lindquist[1995])。このような特徴を持つ参加型予算をチームワーク型パターンにおいて適切に運用すると，参加型予算はチームプレー型パターンのメンバーが自律的にチームワークを行う上で必要な情報を共有するのを促進し，Interactive Control Systems として機能することが期待されるのである。

　さらに，チームプレー型パターンにおいては，予算と実績を比較する予算統制を厳しく行わないことが必要である。予算統制が厳しく行われ報酬が予算の達成度に左右されるとすれば，組織メンバーは予算目標を達成しようと努力することになり，結局，チームプレー型パターンが崩れてしまうおそれがある。予算管理の Diagnostic Control Systems という機能は予算統制の部分にあると考えられるので，従業員の報酬を予算の達成度にダイレクトにリンクさせな

いような配慮が必要である。

　田中 [2002] によって紹介された，トヨタ自動車の「改善予算」もまたチームプレー型パターンにおける予算管理の1つと見ることができる。改善予算は，製造部門の予算について変動費の改善額のみを提示する予算である。この改善額は，「来期の変動費を現行の基準で見積もり，そのうえで目標利益達成に必用な原価改善額を計算」[16]して算定される。そして製造部門全体の改善額は機能別（工程別），工場，部，課というレベルに分割されていくのである。

　田中 [2002] は改善予算の意義をいくつか指摘しているが，組織メンバーへの影響という視点からは，次の2点をあげている。1つは，「改善額によって従業員に対する目標を単純化し，企業目標に対する動機づけを従業員に与えることができる」[17]という意義である。もう1つは，「改善額は，全作業者に目標を公平に分割することができ，高い効率を達成することが可能となる」[18]という意義である。そして，「改善予算は，生産管理主導のトヨタ式管理と融合した予算システムであり，企業の目標を末端の従業員に至るまで明確に提示し，従業員の創意工夫を喚起し，企業目標を実現するきわめて革新的で効率的な予算システムである」[19]ととらえるのである。このような改善予算は，改善額をそれが算定されるプロセスとあわせて従業員に提示することによって，Interactive Control Systems として機能し，組織メンバーが自律的にチームワークを行うのを促進する作用があると考えられる。

(2) 原価企画

　原価企画は，1960年代にトヨタ自動車で開発されたコスト・マネジメントの方法である。トヨタでは，1960年代初期から Value Engineering（以下，ＶＥと略す）を活用した新車開発を行っており，その一環として製品設計段階において新車の製品原価に目標原価を設定するようになった。

　牧戸 [1979] は，トヨタがこうした新製品開発活動を「原価企画」として位置づけていることを取り上げ，量産段階におけるコスト・マネジメントである原価維持・原価改善と対比して，原価企画が製品設計段階におけるコスト・マ

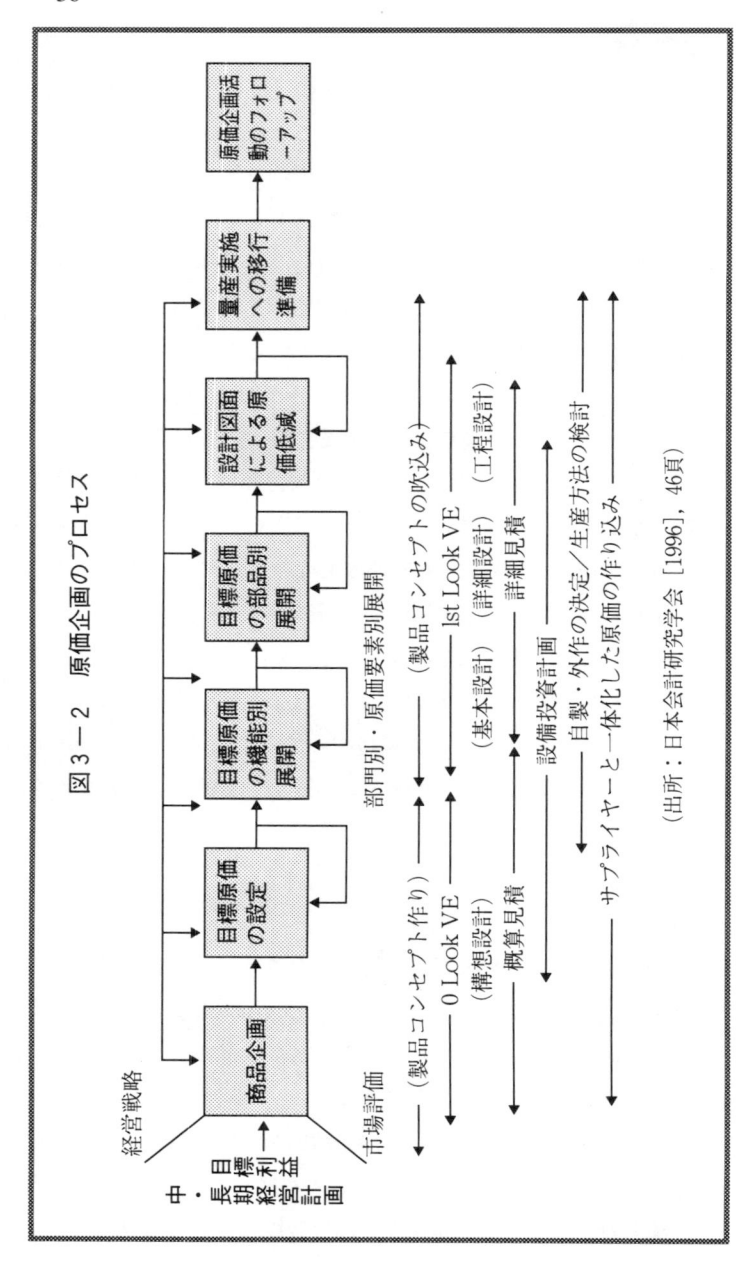

図3－2　原価企画のプロセス

中・長期経営計画／目標利益　経営戦略／市場評価

商品企画 → 目標原価の設定 → 目標原価の機能別展開 → 目標原価の部品別展開 → 設計図面による原価低減 → 量産実施への移行準備 → 原価企画活動のフォローアップ

部門別・原価要素別展開

(製品コンセプト作り) ── 0 Look VE ── (製品コンセプトの吹込み) ── 1st Look VE
(構想設計) ── (基本設計) ── (詳細設計) ── (工程設計)
概算見積 ── 詳細見積
設備投資計画
自製・外作の決定／生産方法の検討
サプライヤーと一体化した原価の作り込み

（出所：日本会計研究学会 [1996], 46頁）

ネジメントであることを指摘している。その後,Hiromoto [1988] も,量産段階における標準原価計算と対比させるような形で,このような製品設計段階でのコスト・マネジメントを目標原価計算(target costing)として海外で紹介し,今日では,原価企画は国内だけでなく海外でも target costing として認知され,多くの研究がなされ,実務に導入する企業も増えてきている。

今日一般的には,原価企画は広義には,「製品の企画・開発にあたって,顧客ニーズに適合する品質・価格・信頼性・納期等の目標を設定し,上流から下流までのすべての活動を対象としてそれらの目標の同時的な達成を図る,総合的利益管理」[20]として定義される。そして,原価企画のプロセスは,図3-2のように示される。

原価企画の基本的思考は,下の式で示される。

　　　目標原価＝予想販売価格－目標利益

そして,目標原価を算定するプロセスは,図3-3のように示される。

原価企画における,図3-3で示されるような目標原価を達成するのを支えるツールとして,ＶＥとコスト・テーブルがある。ＶＥの基本的思考は,端的には,下の式で示すことができる。

$$価値 = \frac{機能}{コスト}$$

企業が顧客に対して創造する価値は左辺の「価値」で示され,その価値に相当する対価が販売価格となる。顧客は「価値」と販売価格を検討して,企業が提供する製品・サービスを購入するかどうかという意思決定を行う。その一方で,企業は販売価格を右辺の「コスト」を無視して決めることはできない。そこで,顧客価値創造においては,製品・サービスの機能,コスト,価値の3つを適切に管理する必要があり,ＶＥをそのためのツールとして活用し,顧客が支払うであろう販売価格を所与とし,その販売価格から乖離しないような価値

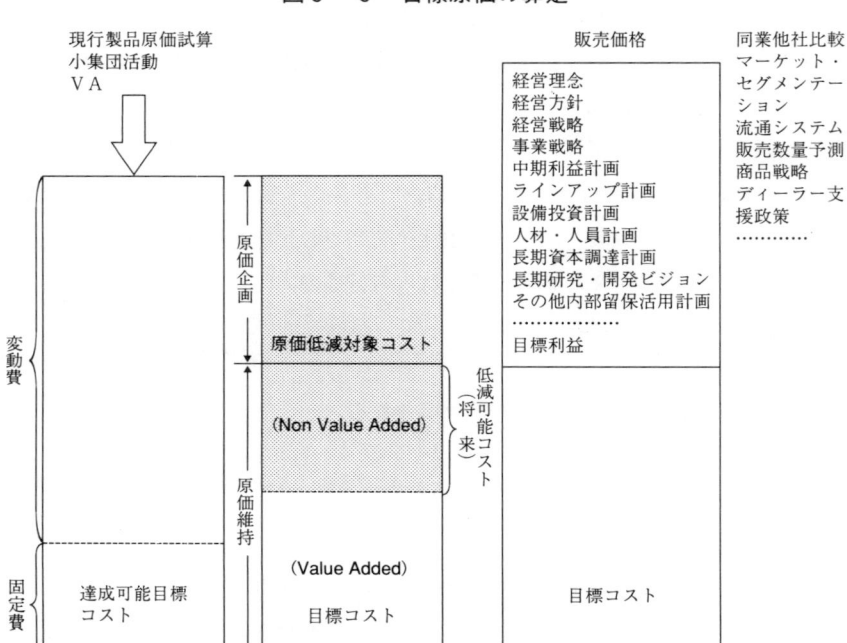

図3-3　目標原価の算定

(出所:加登[1993],122頁)

を創造するという方向で製品開発が行われるのである。このとき，価値は機能とコストで決まるので，ある機能をいかに低コストで実現するか，あるいは一定のコストでどれだけ機能を向上するか，という視点で製品開発が行われるのである。このようなVEの実施プロセスは，VE適用対象の設定，機能定義，機能に対するウェイト付け，機能実現のためのアイディア創出と代替案の作成，改革案の提言と採用から構成されるとされる[21]。

　コスト・テーブルはVEで検討される複数の代替案を評価するために用いられる原価見積もりのためのツールと位置づけられる。一般的には，直接材料費（マテリアル，部品など）および直接加工費（賃率，作業時間）についてのコスト・テーブルが作成されることが多い。こうしたコスト・テーブルは，VEにコミッ

トするエンジニアに対してコスト意識を持たせるという効果もある。

　実務で行われてきた原価企画が牧戸［1979］, Hiromoto［1988］らによって紹介されると，日本企業の競争力の源泉として注目を内外で集めるようになり，原価企画について，様々な視点から，多様な研究が多数行われるようになった。例えば，原価企画の実務を詳細に分析する研究（加登［1990］，田中［1990］など），目標原価の設定についての研究（清水［1992］），コンカレント・エンジニアリングやＶＥなどの原価企画に用いられる手法についての研究（田中［1985］，佐藤［2000］など），原価企画の海外移転についての研究（岡野［2000］，加登［1997, 2000］など）などである。また，海外でも，Ansari and Bell［1997］, Cooper and Slugmulder［1999, 2000］などの原価企画についての研究がある。

　上記の原価企画についての研究のほとんどは，原価企画が機能するためには組織メンバー（さらにはサプライヤーも含めた）のコミットメントが不可欠であるということに明示的あるいは暗示的に言及している。また，実務的にも，トヨタでは，原価企画を成功させるための要因として，全員の積極的な参加をあげている。その意味では，原価企画は，分断型パターンではなく，チームプレー型パターンを基礎としたコスト・マネジメントだと考えられる。

　チームプレー型パターンを基礎としている原価企画における目標原価は，標準原価計算における目標である標準原価とは異なる。標準原価計算では科学的に定められた標準原価を達成することが求められ，Diagnostic Control Systemsとして作用する。これに対し，原価企画における目標原価は組織メンバーの到達点を示すものであり，必ずしも目標原価の達成を個人の報酬にリンクさせてはいない。その意味において，原価企画には Diagnostic Control Systems としての役割期待はないと考えられる。むしろ，原価企画という活動を通じて，組織メンバー間での情報や知識，価値観の共有を促進したり，「～してはいけないこと」を明示した上で目標原価を達成する行動を促進したりする効果の方が重要なのである。その意味では，原価企画は組織メンバーが自律的にチームワークを行うための，Belief Systems, Boundary Systems, Interactive Control Systems の機能を果たす管理会計手法だと考えられるのである[22]。

第3節 ま と め

1 管理会計の適合性について－計算技法とコンセプト－

　第1節および第2節では，分断型パターン，チームプレー型パターンのそれぞれのマネジメントに利用される管理会計手法を考察し，それらがマネジメントにどのように貢献するかを明らかにした。そのことは，図3―4のようにまとめることができる。

　そこでの考察で興味深いことは，形式的に同じような会計的計算技法であっても，そのコンセプトや運用は異なるということである。

　予算管理は予算を目標として設定し実績との差異分析を行うという計算技法を内包しており，分断型パターンでは目標を確実に達成するように計画に対する進捗度を会計的に測定するという Diagnostic Control Systems というコンセプトに基づいて設計・運用される。それに対し，チームプレー型パターンで

図3―4　企業内の関係性のパターンと管理会計

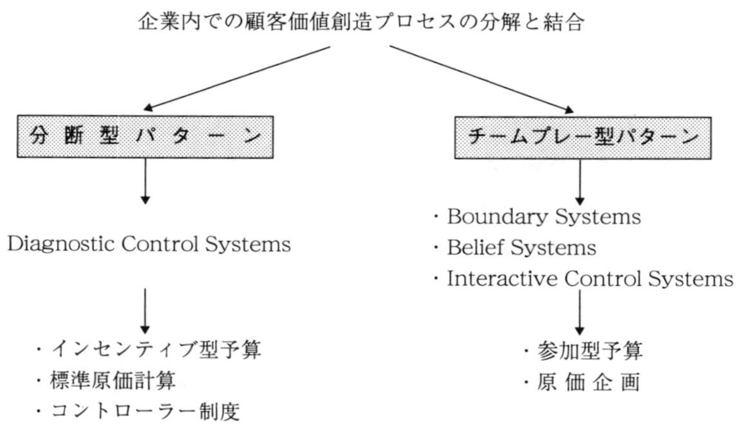

企業内での顧客価値創造プロセスの分解と結合

```
                  分断型パターン              チームプレー型パターン
                        │                              │
                        ↓                    ・Boundary Systems
             Diagnostic Control Systems      ・Belief Systems
                        │                    ・Interactive Control Systems
                        ↓
             ・インセンティブ型予算            ・参加型予算
             ・標準原価計算                    ・原 価 企 画
             ・コントローラー制度
```

は，予算管理は従業員のモチベーションを高めたり，全社的な情報共有を促進したりすることを意図した Belief Systems, Boundary Systems, Interactive Control Systems のコンセプトに基づいて設計・運用される。

　また，標準原価計算と原価企画のいずれも，「コスト＝消費量×1単位あたりコスト」という計算構造を基礎に置いており，そのように算定されるコストを組織メンバーに目標（標準原価計算では標準原価，原価企画では目標原価）として明示する。しかしながら，標準原価計算は標準原価を個々の組織メンバーの達成するべき目標として位置づけ能率管理を目的とする Diagnostic Control Systems として分断型パターンで用いられるのに対し，原価企画は目標原価を到達するべき目標として位置づけ組織メンバーのチームワークを促進してそれを実現するように動機付ける Belief Systems, Boundary Systems, Interactive Control Systems としてチームプレー型パターンにおいて機能する。

　このように形式的に同じような会計的計算技法であっても，その基礎となるコンセプトが異なりその運用が異なるということは，計算技法をどのように設計・運用するかは当該管理会計手法が基礎とするマネジメントに依存していることを含意しているのである。このことを踏まえると，管理会計の適合性には，Johnson and Kaplan［1987］が言う企業の経済活動との適合性だけではなく，企業の関係性のパターンのマネジメントとの適合性という2つのタイプが存在すると考えられる。そして，管理会計は関係性のパターンのマネジメントの間に制度的補完性を有すると考えられるのである。

2　管理会計と関係性のパターンのマネジメントとの制度的補完性

　上記のように，管理会計の適合性を関係性のパターンのマネジメントとの適合性という視点から見ると，管理会計もまた関係性のパターンを安定化させる作用があると考えられる。

　分断型パターンのマネジメントは Diagnostic Control Systems であり，インセンティブ型予算とコントローラー制度はそれに適合するようにデザインされ

運用されている。さらに，コントローラー制度はモニタリング機能を果たすことによってインセンティブ型予算を補完する。このように分断型パターンの管理会計は Diagnostic Control Systems と制度的補完性があると考えられるのである。したがって，分断型パターンの企業が，組織メンバーのコラボレーションを必要とする組織的知識創造を行うために新しい経営手法を導入したとしても，インセンティブ型予算やコントローラー制度という管理会計手法を変更しないと新しい経営手法の効果は限定的なものとなってしまうと考えられる。

　他方，チームプレー型パターンのマネジメントの基本は Belief Systems, Boundary Systems, Interactive Control Systems であり，参加型予算や原価企画はそれに適合するようにデザインされ運用されている。このような参加型予算や原価企画はチームプレー型パターンと制度的補完性があると考えられる。したがって，チームプレー型パターンの企業が，組織メンバーのコラボレーションを必要とする組織的知識創造を行うために新しい経営手法を導入する場合，参加型予算や原価企画という管理会計手法を変更しなくても新しい経営手法の効果を損なうことはないと考えられる。さらに言えば，参加型予算や原価企画という管理会計手法は，組織メンバーのコラボレーションを必要とする組織的知識創造と制度的補完性が存在するとも考えられるのである。

　しかしながら，ここで注意しなければならない点は，分断型パターンおよびチームプレー型パターンのいずれも，顧客価値創造プロセスを要素還元する分業を前提としている点である。すなわち，顧客価値創造という1つの体系を個々の要素に分解し，その後，それぞれの要素の間にどのような関係が築かれるかという視点から，分断型パターンおよびチームプレー型パターンが導出されてくるということである。したがって，経営環境の変化によって，顧客価値創造プロセスを要素還元することの妥当性ないし合理性がなくなってしまう場合には，分業を前提とした分断型パターンおよびチームプレー型パターンもその妥当性が問われることになる。このことは，分断型パターンおよびチームプレー型パターンと制度的補完性のある管理会計もまた適合性を喪失するおそれがあることを含意するのである。

（注）
1) 例えば，Simons［1995b］はそのような尺度としてROIをあげている。
2) 標準原価計算の計算については，岡本［2000］，廣本［1997］，Blocher, et. al.［1999］，Hansen and Mowen［2000］，Hilton, et. al.［2000］，Horngren, et. al.［1999］を参照した。
3) 本書では，4分法によって製造間接費の差異を求めた。製造間接費の差異分析は4分法の他に，2分法や3分法がある。2分法や3分法については，岡本［2000］，廣本［1997］などを参照されたい。
4) 変動予算とは，標準設定時の予想生産量（操業度）ではなく，実際の生産量（操業度）の水準に応じて当初予算を修正した予算である。
5) Hilton, et. al.［2000］, p.676.
6) Mckinsey, J.O., 1922. Budgetary Control. Ronald Press.
7) 小林［2002］, p.17.
8) 小林［2002］, p.17.
9) 予算管理の計算技法については，小林［2002］，岡本他［2003］，Blocher, et. al.［1999］，Hansen and Mowen［2000］，Hilton, et. al.［2000］，Horngren, et. al.［1999］，Weygandt, et. al.［1999］を参照した。
10) 伊丹［1986］, 149頁。
11) 伊丹［1986］, 150頁。
12) 伊丹［1986］, 151頁。
13) 伊丹［1986］, 152頁。
14) Willson, et. al.［1999］, p.13.
15) Willson, et. al.［1999］, p.408.
16) 田中［2002］, 234頁。
17) 田中［2002］, 240頁。
18) 田中［2002］, 241頁。
19) 田中［2002］, 241頁。
20) 日本会計研究学会［1996］, 23頁。
21) 加登［1999］, 140頁。
22) トヨタ生産方式の創始者とされる大野耐一氏は，会計を重視しなかったというエピソードがある。ここまでの考察を踏まえると，大野氏のこのような考え方の背景には，会計による計数管理がDiagnostic Control Systemsとして作用し，その結果，トヨタ生産方式が機能障害に陥るという危惧があったと推察される。

第4章　企業間の関係性のパターンについての理論的分析と管理会計

　前章までは分業を前提とした企業内の関係性のパターンについて考察したが、現実の企業は顧客への価値創造活動のすべてを自社内で遂行しているわけではなく、Porter の言う価値システム（Value System, 図4－1参照）において顧客価値創造を行う。例えば、自動車メーカーは自動車を完成するのに必要なすべての部品を自社で製造しているわけではなく、系列と言われる企業が部品を製

図4－1　価値システム

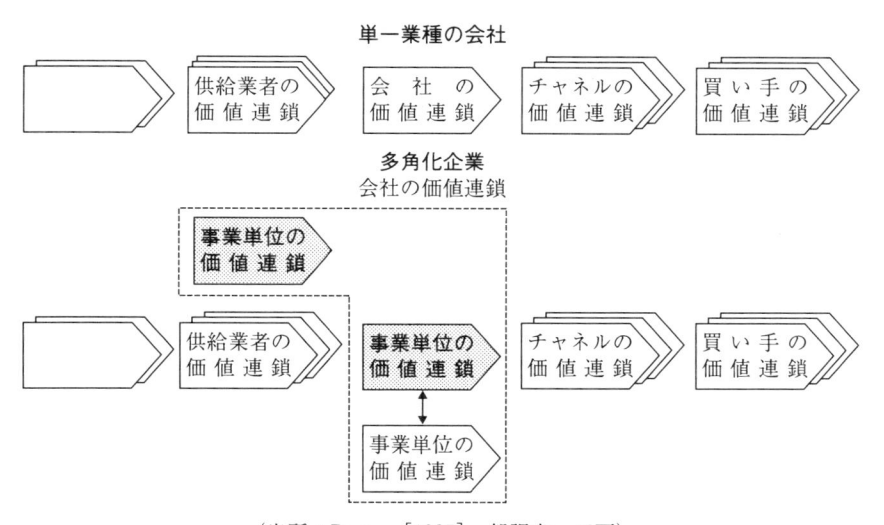

単一業種の会社

供給業者の価値連鎖 → 会社の価値連鎖 → チャネルの価値連鎖 → 買い手の価値連鎖

多角化企業
会社の価値連鎖

事業単位の価値連鎖

供給業者の価値連鎖 → 事業単位の価値連鎖 → チャネルの価値連鎖 → 買い手の価値連鎖

事業単位の価値連鎖

（出所：Porter [1985], 邦訳書, 46頁）

造し自動車メーカーはその企業から必要な部品を調達している。

価値システムにおいて企業が顧客価値創造活動を行うということは，顧客への価値創造に関してあたかも企業間の分業とも言えるような企業間取引が行われていることを含意する。そして，このことは，企業価値を高めていく上で企業は顧客価値創造プロセスのどの活動を自社で行うかについてのマネジメント上の問題を提起する。すなわち，顧客への価値創造活動のどの部分を自社が行い，どの部分を他社に委ねるのかという問題，そしてどのような企業間の取引関係を構築するべきかという問題などである。これらの問題を適切にマネージすることは，企業の収益性ひいては企業価値に影響を与える。例えば，1980年代に日本の自動車メーカーがビッグ・スリーよりも競争力が高く，収益性が高かったことを説明する要因の1つとして系列があげられるように，どの範囲まで分業を行うのかということは，企業の収益性ひいては企業価値に影響を与えるのである。

こうした問題を関係性のパターンという視点からとらえれば，価値システムにおいてどのような企業間の関係性のパターンが構築されるか，そして関係性のパターンに適合したマネジメントはどのようなものであるかという問題として認識されるであろう。そこで，本章では，企業間の関係性のパターンについての理論的分析と管理会計についての考察を行うことにする。

第1節　企業間の関係性のパターンについての理論的分析

冒頭で述べたように企業間取引を分業としてとらえてみると，企業価値を高めていく上で顧客への価値創造活動のうちどの部分を自社が行い，どの部分を他社に委ねるのかという問題が提起される。この問題は，経済学の分野において「企業の境界」の問題として理論的に扱われ，いくつかの理論的モデルが提唱されている。これらの理論的モデルによって現実の企業のマネージャーが必ずしも直ちに適切な意思決定を行えるようになるわけではないが，それらのモ

第4章　企業間の関係性のパターンについての理論的分析と管理会計　67

デルは企業間の関係性のパターンについてのインプリケーションを与えるものである。本節では，企業間の関係性のパターンを分析するための理論的モデルとして，CoaseのモデルとWilliamsonのモデルを取り上げることにする。

1　Coaseのモデル

　企業の境界に関する経済学的な最初のモデルとしては，Coase［1937］のモデルがあげられる[1]。Coaseの問題意識は，資源配分のメカニズムとして市場が存在し，そこでの取引を通して最適な資源配分が達成されるにも関わらず，企業という組織が存在し企業内でも取引が行われるのはなぜかというものである。利潤動機を持った生産的経済主体としての企業行動を分析することが伝統的に経済学の研究対象であったが，企業の存在そのものを対象としたCoaseの問題提起は画期的であったと推察できる。

　さて，上記の問題に対して，Coaseはtransaction costs（取引コスト）という概念を提示し，それによって企業という組織が存在し企業内でも取引が行われることを説明した。その説明の概要は次のとおりである[2]。

　現実の市場において取引を行うためには，取引相手を探し，取引の内容を取り決め，その取引を遂行するために様々なコストが発生する。Coaseはこうした取引に関わるコストをtransaction costs（取引コスト）と定義し，取引コストは現実の市場取引において無視できるほど小さいとは限らず，ある種の取引に関しては，取引コストを小さくするために取引が内部化されるということを主張したのである。市場取引では，取引相手が信用できるかどうか確認するコスト，取引を履行させるための様々なコスト（詳細な契約の取り決め，取引を履行させるための手段の確定，取引が履行されないときの法的措置など）が発生するのに対し，企業内の取引では取引相手が信用できるかどうか確認するコストは発生せず，適切なマネジメントを行うことによって取引を履行させるための様々なコストも低減することができる。こうして取引コストを少なくするように内部化された取引の体系が企業であることを主張したのである。

企業の境界は取引コストによって決まるというCoaseの主張に基づくと，市場取引に関わる取引コストが企業内取引に関わる取引コストよりも少ない場合は市場取引を行い，市場取引に関わる取引コストが企業内取引に関わる取引コストよりも大きい場合は企業内取引を行うということになる。このことは，市場取引に関わる取引コストが企業内取引に関わる取引コストよりも少ないような製品・サービスの生産は自社では行わず，市場取引に関わる取引コストが企業内取引に関わる取引コストよりも大きいような製品・サービスの生産は自社で行うということを含意する。したがって，顧客価値創造プロセスのうち市場取引に関わる取引コストが企業内取引に関わる取引コストよりも大きいような活動は自社で行い，そうでない活動は他企業に任せることになるのである。

2　Williamsonのモデル

Coase [1937] の見解を踏まえて，Williamson [1975] は取引コストを生じさせる要因として機会主義 (Opportunism) と限定された合理性 (Bounded Rationality) という特性を取り上げ，それらに注意を払うことによって市場と企業の理論構築を試みた[3]。

そこでの考察から，内部組織 (Internal Organization) には次のような優位性があると述べている。すなわち，「内部組織が，市場での契約がもたらすようなタイプの機会主義の危険を負わせることなく，適応的で逐次的な仕方で不確実性・複雑性に対処することを可能ならしめることである。そのような適応的で逐次的な決定プロセスは，限定された合理性を非常に節約する」[4]というものである。特に，「機会主義と少数性の条件が結びつくような状況においては，契約を市場で行う場合に比べて次のような優位性を享受する」[5] と述べている。第1は，「自立的な契約者たちとくらべて，内部的交換の当事者たちは，機会主義的な主張の結果として，全体としての組織（システム）の犠牲においてサブグループの利得を占有しうる程度が少ない。機会主義的に行動することの誘引も，したがって弱くなる」[6] というものである。第2は「内部組織に対しては，

より有効に監査をおこなえる」[7]こと,第3は「意見の衝突が生じた場合,内部組織は,論争を解決するうえで,市場を介する交換に対して優位性を発揮する」[8]というものである。こうした優位性を持つ内部組織は「緩衝在庫を節減し,また技術的に分離可能な諸工程のあいだでちまちました交渉がおこなわれて高くつくことを緩和するために——すなわち,たいていの場合,取引関連的な諸要因のために——発生する」[9]と説明している。

以上のように内部組織の優位性を説明した上で,Williamsonは「最終生産物が,分離可能な一連の部品から組み立てられるものであるとき,どの部品を外部から購入し,どれを内製するか,また内製の場合には組織をどのようにするかという問題」[10],言い換えれば,顧客への価値創造活動のうちどの部分を自社が行い,どの部分を外部に委ねるのかという問題を提起する。この問題に対して,Williamsonは「技術的に分離可能な工程の垂直的統合が,根源的には取引関連的な要因に基づいておこなわれる」[11]と説明している。そして,垂直的統合についての先行研究に対して取引関連的な解釈を試みている。第1は,垂直的統合が行われる要因とされている技術的相互依存性という物的条件がなくても,不確実性と少数主体供給という状況で行われる取引については,垂直的統合によってその取引コストを節約する機会が得られるという主張である[12]。第2に,市場取引ではリスク負担と道徳的危険に関して,買い手はサプライヤーの仕事をモニターすることを要求するだろう。しかし,サプライヤーの機会主義的行動の誘引が弱められるだけでなく,モニタリング・コストも低くなるという点で,買い手は統合の方が望ましいと判断するという主張である[13]。第3に,部品のサプライヤーが少数で組立業者が多数である場合,組立業者が当該部品を他の要素に代替するのを防ぐために,約束ではなく統合を行うという主張である。第4は,合併と市場で契約を行うのとを比較すると,1度だけの合併契約の方が市場での取引を繰り返すよりもコストが少なくてすむという主張である[14]。こうした考察の後,組立業者が行う後方統合と部品供給業者が行う前方統合について説明するのである。

さらに,Williamsonは「資産特殊性(Asset Specificity)」[15]という概念を提示

し，次のように説明する。すなわち，特定の取引に関連して永続的な投資が行われ次善の策ではその投資の価値が著しく下がるような投資を特殊的投資と定義し，このような投資の結果取得される資産で，ある特定の用途以外に利用されるときにはその価値が著しく下がることを資産の特殊性が高いというのである[16]。そして，資産特殊性が高い場合には，それに関連する取引コストが増加するので，そのような取引は内部化されると説明するのである。

Colbert and Spicer [1995] は，このことについて，資産特殊性が低い場合には，当該資産を利用して生産される財の規模の経済性を重視して市場取引が行われることを含意すると述べている[17]。

3 モデルのインプリケーション

Coase や Williamson の理論モデルは，市場取引を前提とする経済において市場で行われる取引が内部化されるメカニズムを明らかにすることを目的としている。企業の境界に関する彼らのモデルによれば，顧客への価値創造活動のどの部分を自社が行いどの部分を他社に委ねるかは取引コストと資産特殊性という要因によって決まると考えられる。それらの要因と取引の関係を単純に図式化してみると，次のようになる。

　　取引コスト　小　→　市場取引
　　資産特殊性　低　→　市場取引
　　取引コスト　大　→　内部取引
　　資産特殊性　高　→　内部取引

このように，取引コストが高く資産特殊性が高くなるような財の生産などの活動は自社で行い（すなわち，内部化），取引コストが小さく資産特殊性の低い財の生産は自社で行わない（すなわち，市場取引）ことになるのである。

顧客への価値創造活動のどの部分を自社が行いどの部分を他社に委ねるかは

第4章 企業間の関係性のパターンについての理論的分析と管理会計 71

モデルによって明らかにされたが,このモデルでは,取引コストは小さいが資産特殊性が高い取引や取引コストは高いが資産特殊性が低い取引が,外部化されるかあるいは内部化されるかは明示的には示されない。この点について,Spicer [1988] は,中間財についての Williamson [1979] の説明に基づいて,自製か購入かという意思決定が,取引される財のデザイン上の特徴や性能,および,その財の生産に必要な投資と規模の経済性に依拠して行われることを明らかにした上で,財の特殊性が高い(すなわち,カスタム・メード)場合には自製される傾向があり,財の特殊性が低い(すなわち,標準品)場合には購入される傾向があることを実証分析に基づいて説明している。このような Spicer [1988] の見解に従えば,特殊性の低い製品すなわち標準品については市場取引が行われることになる。その場合,取引コストが小さいときには必要に応じてスポット的に取引を行うことができるが,取引コストが大きいときにはスポット的な取引よりも長期的・継続的に取引を行う方が取引コストを節約できることになると考えられる。

　以上のことから,企業間の取引関係について次のようなインプリケーションが得られる。すなわち,財の特殊性が低く取引コストが小さいような取引はスポット的取引が行われ,財の特殊性が低く取引コストが大きいような取引は継続的な取引関係が成立するということである。例えば,ＣＰＵの生産には多額の設備投資や研究開発が必要であり,ＣＰＵの生産について資産特殊性は非常に高くなる。しかしながら,ＣＰＵ自体は標準品的な性質を持っており,大量生産による規模の経済性を考慮すると自製よりも購入したほうがコスト面で有利になるので,必要に応じて市場で調達すればよいということになる。さらに言えば,継続的な取引関係においては,売り手および買い手が,互恵的であるように当該取引に関わる資産特殊性をある水準まで引き上げることもありうる。その場合,標準品でなく特殊性の高い財も取引されるようになると考えられる。

第2節　企業間の関係性のパターンのマネジメント

1　企業間の関係性のパターン

　前節では，市場取引という視点から企業間の関係を見ると，スポット的な取引関係と継続的な取引関係という2つのタイプがあることが明らかにされた。そこで，企業間の関係性のパターンのマネジメントを考察する準備として，このような取引関係をもとに企業間の関係性のパターンを検討してみよう。

　スポット的取引は必要に応じて行われる取引で，特定の企業とだけ排他的に長期的に取引を行うというものではなく，取引の相手はその都度異なることもある。このような取引では，取引の契約から完了までの間は当事者の間に売り手と買い手という関係が成立するが，取引が無事に完了すれば当事者の間に特別な関係は存在しない。その意味では，スポット的な取引は，取引の契約から完了までの期間の売り手と買い手という企業間の関係ということになる。このようなスポット的取引では，売り手と買い手という企業間の関係は対等の立場での取引を行うという契約関係であるので，スポット的取引関係で生じる企業関係性のパターンを契約的取引型パターンととらえることにする。

　他方，継続的な取引は，必要に応じて行われるスポット取引とは異なり，特定の企業との長期的な取引となる。したがって，継続的な取引においては，長期間にわたって当事者の間に売り手と買い手という関係が成立することになる。このような長期的な売り手と買い手という関係では，先に述べたように，双方の利得を高めるならば当該取引に関わる資産特殊性を売り手および買い手の双方がある水準まで引き上げることがありうると考えられる。このことは，資産特殊性が高く本来自製するべき財が他企業によって製造され，それを購入するということを意味する。そのような財を生産する売り手の企業は当該取引の買い手以外に販売することはできず，また，買い手の企業も当該取引における売

り手の企業からしか購入できなくなり、スポット的取引における売り手と買い手という関係ではなくなるのである。継続的な取引は内部化された取引ではないけれども、当該取引の売り手と買い手の間には互恵的で相互依存の関係があり、さらに顧客価値創造プロセスという視点からは実質的には両社の活動は統合された形と見ることができるのである。その意味では、継続的な取引関係で生じる企業間の関係性のパターンは、擬似統合型パターンととらえられるのである。そして、顧客価値創造プロセスにおける互恵的で相互依存の関係という点に注目すれば、擬似統合型パターンは、企業間の「質の高いチームワーク」として見ることができるのである。

2　関係性のパターンのマネジメント

　企業間の関係性のパターンには、契約的取引型パターンと擬似統合型パターンとがあることを明らかにした。ここでは、それぞれのパターンにおけるマネジメントのあり方を考察していこう。

(1)　契約的取引型パターンのマネジメント

　契約的取引型パターンにおいては、最適な取引相手を探すこと、および当該取引の対象となる財についての品質チェックがマネジメント上重要である。契約が締結されれば、それ以後の当該取引についてのトラブルは法律的に処理されることになる。

　最適な取引相手を探すには、探索コストと言われるコストがかかる。この探索コストは買い手の企業には取引コストとして認識される。そのため、取引の総コスト（すなわち、財の取得原価＋取引コスト）が自製のコスト（すなわち、財の製造コスト）を上回るような水準まで探索コストをかけて取引相手を探すことはない。換言すれば、企業が合理的だと判断する水準の探索コスト内で最適な取引相手を探すことになるのである。取引相手を探索し契約を締結する過程において、取引相手がどのような企業であるかをチェックするためにスクリーニ

ング（screening）[18] を行う必要がある。取引相手の経営能力が不明なままでは，当該取引が無事に遂行されるかどうかリスクに晒されるからである。このようなスクリーニングはＩＳＯ－9000シリーズなどの規格を用いると低コストで行うことができ，企業が合理的だと考える水準の探索コスト内でのスクリーニングが可能になり，取引コストも小さくなる。このようなＩＳＯやＪＩＳなどを利用するスクリーニングは，当該取引の対象となる財についての品質チェックにも有用である。取引される財が標準品である場合には，ＩＳＯなどの規格に準拠しているかどうかを判断することによって，低コストで品質チェックを行うことができる。

　以上をまとめると，契約的取引型パターンにおいては，ＩＳＯなどを活用してスクリーニングを行うというマネジメントが必要になるということである。

(2) **擬似統合型パターンのマネジメント**
　前述のように擬似統合型パターンをとらえれば，擬似統合型パターンのマネジメントは，ある企業が行うべき価値活動を他企業が遂行するような企業間分業においてそれぞれの企業の活動を統合することだと考えられる。どの企業がどの活動を行うかは，すでに見たように，関係性のパターンが構築される過程において決まるので，擬似統合型パターンのマネジメントの中心となるのは，それぞれの企業の活動を結合することだと考えられる。言い換えれば，擬似統合型パターンでは，他企業の価値連鎖と擬似的に統合された形で顧客価値創造が行われるため，価値システム全体としての顧客価値創造活動が適切に行われるように，それぞれの価値連鎖を持つ企業と企業とのリンケージを適切にマネジメントするということである。

　その一方で，擬似統合型パターンが企業間の「質の高いチームワーク」であるという点に着目すれば，企業と企業とのリンケージのマネジメントには，そうしたチームワークを維持・促進する作用が求められる。そうでなければ，企業間の「質の高いチームワーク」は損なわれてしまうからである。その意味においては，企業内の「質の高いチームワーク」であるチームプレー型パターン

のマネジメントのような Belief Systems, Interactive Control Systems, Boundary Systems としての機能が疑似統合型パターンのマネジメントにも求められると考えられるのである。言い換えれば，擬似統合型パターンのマネジメントの本質は，企業間の「質の高いチームワーク」を維持するように企業と企業とをリンケージさせることであり，そのようなリンケージを実現するために Belief Systems, Interactive Control Systems, Boundary Systems として機能するような仕掛けを設計し運用することだと言うことができよう。以下で，そうした Belief Systems, Interactive Control Systems, Boundary Systems として機能するような仕掛けを考察することにする。

はじめに，このようなマネジメントの基礎として，Porter の価値システムについて見ておこう。価値システムは個別企業の価値連鎖の連結であり，図4－1のように示される。

Porter [1985] は，自社の価値連鎖とサプライヤーや流通チャネルの価値連鎖との連結を「垂直連結」と呼ぶ。売り手の交渉力および買い手の交渉力は業界全体の収益性に影響を与え，業界における個別企業の競争優位にも影響を与えるので，垂直連結を適切にマネジメントすると競争優位を向上させることが可能になると説明するのである。このような Porter [1985] の主張は，個別企業がコスト優位や差別化優位を構築するという視点からなされるものであるが，サプライヤーとの取引において互恵的な関係を維持していくことの重要性を指摘するものでもある。

Porter [1985] が指摘したサプライヤーとの互恵的な取引関係に関連して，トヨタとビッグ・スリーのそれぞれの事例を分析した Dyer [2000] のフレームワークを取り上げて見よう。Dyer [2000] は，トヨタがビッグ・スリーよりも優れた業績を上げた要因について，「企業の境界とは何であるかを熟知していて，サプライヤーのネットワークの効果的なマネジメントの方法を理解していた」[19] ことにあると説明している。その一方で，トヨタのサプライヤーも「自分たちがより大きな集団（つまり，トヨタ・グループ）の一部を構成していると思うようになり，結果的に，個々のサプラヤーがまるで同じ会社の組織メン

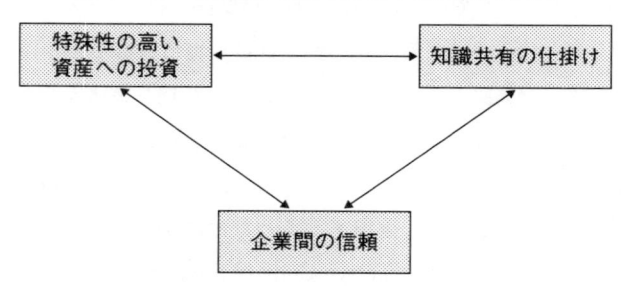

図4－2　企業間の協力による優位性の要因

```
┌──────────────┐           ┌──────────────┐
│ 特殊性の高い  │←────────→│ 知識共有の仕掛け │
│ 資産への投資  │           └──────────────┘
└──────────────┘
         ↘             ↙
          ┌──────────────┐
          │  企業間の信頼  │
          └──────────────┘
```

（出所：Dyer [2000], p.38.）

バーのように行動する」[20] ことを指摘するのである。そして，Dyer [2000] は，トヨタとサプライヤーとの関係が持つ，競争上の優位性についての3つの要因を図4－2のように示している。

このような Dyer [2000] のフレームワークは，企業間の Belief Systems, Interactive Control Systems, Boundary Systems の体系と見ることができる。Dyer [2000] は，知識共有の仕掛けによって企業間で交換される知識は「もっと効率的かつ有効的になるための方法を各企業が学習するのを助けるような，市場，生産工程，品質，納期，デザイン，安全性などについての知識」[21] であると説明しており，このような知識交換の仕組みは Interactive Control Systems として機能すると考えられる。また，特殊性の高い資産への投資を「特定の顧客やサプライヤーのためにカスタマイズされた工場，設備，工程，従業員への投資」[22] と定義し，それらの投資は「企業集団全体の生産性を改善し，独自性のある製品開発におけるコーディネーションのスピードをアップさせる」[23] と説明している。価値システムにおける個別企業は，価値システムの顧客価値創造という観点からそれぞれの判断に基づいてこのような特殊性の高い資産への投資を行うので，そうした投資を可能にする仕掛けは Boundary Systems のような作用を持つと考えられる。企業間の信頼は Belief Systems として機能することが期待される。

以上のような Dyer [2000] のフレームワークは，擬似統合型パターンのマ

ネジメントにも有効であると考えられる。それを援用してみると，擬似統合型パターンのマネジメントは具体的には次のようなマネジメントだと考えられる。すなわち，擬似統合型パターンを構築する企業の間で共通の理念・価値観を構築し Belief Systems を築き，企業間の分業に関して相互の情報を交換する仕組みを Interactive Control Systems として運用するというものである。そして，擬似統合型パターンを損なうような行動を「～してはいけないこと」として各企業が取り決める（すなわち，Boundary Systems の設計・運用）のである。

第3節　企業間の関係性のパターンと管理会計

1　企業間の関係性のパターンの構築と管理会計

　契約的取引型パターンおよび擬似依存型パターンという企業間の関係性のパターンは，どの活動を自社で行うかという意思決定に基づいて決まる。すなわち，どの活動を自社で行うかという意思決定の結果，企業間の関係性のパターンが構築されるということである。したがって，企業間の関係性のパターンのマネジメントに先立って上記の意思決定を行わなければならず，このような意思決定に有用な情報を提供することが管理会計には求められるであろう。その意味では，企業間の関係性のパターンの構築に，管理会計は重要な役割を果たすのである。

　顧客価値創造活動のうちどの活動を自社で行い，どの活動を外部が行うかという企業間の関係に関わる意思決定は，伝統的に管理会計の分野では「自製か購入か（Make or Buy）」についての意思決定としてとらえるとされる（Dekker [2003]）。そして，ある財を自社で生産するコストと外部から購入するコストの比較計算（複数のサプライヤーが候補になる場合には，それぞれのサプライヤーからの調達コストについての比較計算）を行い，その計算過程およびその結果を意思決定に有用な情報として提供するのである。そのような管理会計手法として，差

額原価計算，投資の経済計算などがあげられる。ただし，差額原価計算や投資の経済計算などの管理会計手法は，外部購入の場合に生じる取引コストを考慮していない点に注意が必要であろう。特に，関係性のパターンのマネジメントにおいて外部取引の取引コストが重要な要因となるときには，そうした取引コストを考慮しなければならない。

2　契約的取引型パターンにおける管理会計

契約的取引型パターンが構築された場合，取引の遂行に関わるトラブルは法律的に処理される。その意味において，取引の遂行を強制することはそもそも管理会計の対象外であり，取引の遂行をマネージするような管理会計手法は存在しないと考えられる。ただし，顧客価値創造プロセスを遂行していく上で，例えば倒産などによって部品が供給されないような事態には，当該部品を供給できるサプライヤーを見つけて新たに取引を行うことで対処する必要がある。その場合には，サプライヤーの選択に関する差額原価計算を改めて行うことになる。

3　擬似統合型パターンにおける管理会計

擬似統合型パターンは企業間の「質の高いチームワーク」としてとらえられ，そのマネジメントは，擬似統合型パターンを構築する企業の間で共通の理念・価値観を構築し Belief Systems を築き，企業間の分業に関して相互の情報を交換する仕組みを Interactive Control Systems として運用し，擬似統合型パターンを損なうような行動を「〜してはいけないこと」として各企業が取り決める（すなわち，Boundary Systems の設計・運用）というものである。擬似統合型パターンの Belief Systems, Interactive Control Systems, Boundary Systems における管理会計の役割期待は，前章のチームプレー型パターンの管理会計で明らかにしたように，擬似統合型パターンにコミットする企業がチームワーク

を行う上で必要な管理会計情報を提供することだと考えられるのである。以下で，そのような管理会計について考察していこう。

従来，擬似統合型パターンのような価値システムにおける企業間管理会計は，Shank and Govindarajan［1993］が「現在の管理会計は企業内にしか焦点を当てていない」[24]と指摘するように，重要視されてこなかったし，具体的な管理会計手法もほとんどなかった。しかしながら，従来の管理会計が企業内にしか焦点を当てていないため，「サプライヤーとの関係から得られるいろいろな機会を見失ってしまう」[25]という問題が生じてきた。そこで，Shank and Govindarajan［1993］は，Porter の競争戦略に基づいて，個別企業の管理会計に価値システムの視点を取り入れた，戦略的コスト・マネジメント（Strategic Cost Management）を提唱するようになったのである。彼らの主張する戦略的コスト・マネジメントは，価値連鎖分析（Value Chain Analysis），戦略的ポジショニング分析（Strategic Positioning Analysis），コスト・ドライバー分析（Cost Driver Analysis）という要素から構成される。Shank and Govindarajan［1993］は，「競争優位を獲得し維持するために企業は，自社が属している価値連鎖部分だけでなく，すべての価値流通機能を知る必要がある」[26]と述べ，「最終消費者が価値連鎖に関係したすべての会社の利益を支払うのだから，『供給業者や顧客や，供給業者の供給業者や，顧客の顧客』の利益は，企業のコストや差別化ポジショニングを理解するために重要である」[27]と指摘しているように，彼らの戦略的コスト・マネジメントは，基本的には，個別企業が競争優位を獲得するための管理会計だととらえられるのである。

このような戦略的コスト・マネジメントは，個別企業の競争優位の獲得に有用性がある一方で，擬似統合型パターンにコミットする企業がチームワークを行う上で必要な管理会計情報を提供する機能も有していると考えられる。Shank and Govindarajan［1993］が，価値連鎖分析の効果について引用した Hergret and Morris［1989］の次のような2つの例を見てみよう。1つは，「バルク・チョコレート（業者向けチョコレート）が10ポンドの固形形態でなく流動体（水のような状態）としてタンク車により運送されるようになった時，工業

チョコレート製造業者（供給業者）は，固形にして包装する工程を省くことができて，製造業者も開包と溶解のコストを支払わなくて済むようになった」[28]という例である。もう1つの例は，「ある運送用コンテナ製造会社はビール製造会社の隣に工場を作り，コンテナをコンベアーによって顧客の製造ラインに直接供給した。これによって，大きくて重い空のコンテナを運送する手間を省き，両方の会社はかなりのコストを削減できた」[29]というものである。これらの例で示されるように，価値連鎖分析は，擬似統合型パターンにコミットする企業に重要なコスト情報を提供するし，後者の例にあるような，チームワークのための自発的な行動をも誘発するのである。以上のことから，擬似統合型パターンにコミットする企業がチームワークを行う上で必要な管理会計情報を提供するための管理会計手法として，Shank and Govindarajan［1993］の価値連鎖分析が有効だと考えるのである。

4　企業間の関係性のパターンと管理会計の対応

本節の考察をまとめると，図4－3のように示すことができる。

図4－3　企業間の関係性のパターンと管理会計

企業間での顧客価値創造プロセスの分解と結合

↓

企業の境界
Make or Buy

契約的取引型パターン　　　擬似統合型パターン

スクリーニング

・Boundary Systems
・Belief Systems
・Interactive Control Systems

・価値連鎖分析

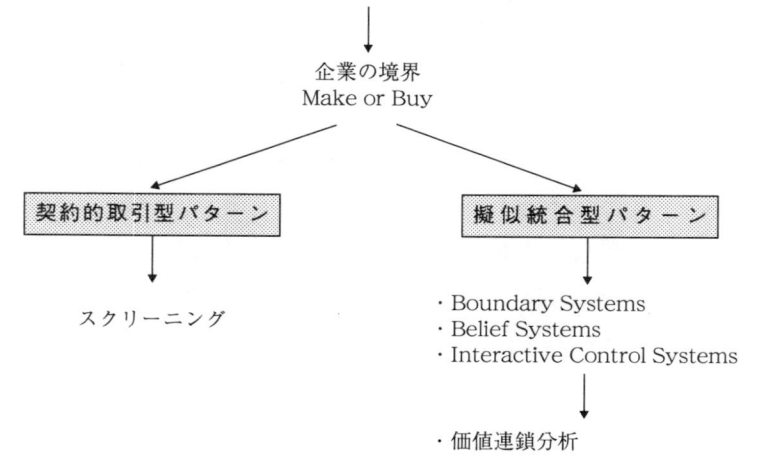

第4節　関係性のパターンと管理会計の相関

ここまでの考察で，企業内の関係性のパターンおよび企業間の関係性のパターン，そして，それぞれのマネジメントおよび管理会計が明らかにされた。それらを整理すると，図4－4，図4－5のようになる。

図4－4のフレームワークを実際の企業に当てはめてみると，例えば，GMやDu Pontなどは分断型－契約取引型パターンに相当し，トヨタなどはチームプレー型－擬似統合型に該当すると考えられる。

それぞれの関係性のパターンにおけるマネジメントは，そのパターンの企業の競争力や企業価値創造に貢献する。分断型パターンにおけるマネジメントは個々の組織メンバーが与えられた仕事を遂行させることによって競争力を向上させるのに対し，チームプレー型パターンにおけるマネジメントは組織メン

図4－4　関係性のパターンとマネジメント

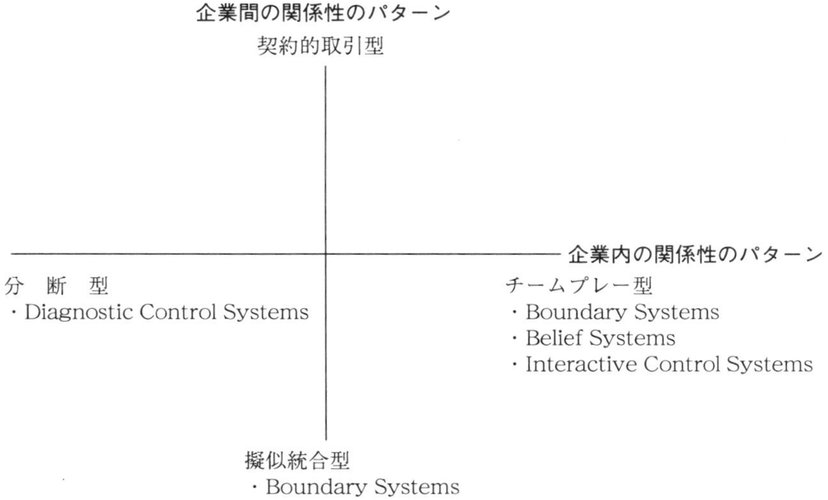

企業間の関係性のパターン
契約的取引型

―――――――――――――――――――― 企業内の関係性のパターン

分　断　型
・Diagnostic Control Systems

チームプレー型
・Boundary Systems
・Belief Systems
・Interactive Control Systems

擬似統合型
・Boundary Systems
・Belief Systems
・Interactive Control Systems

図4－5　関係性のパターンと管理会計

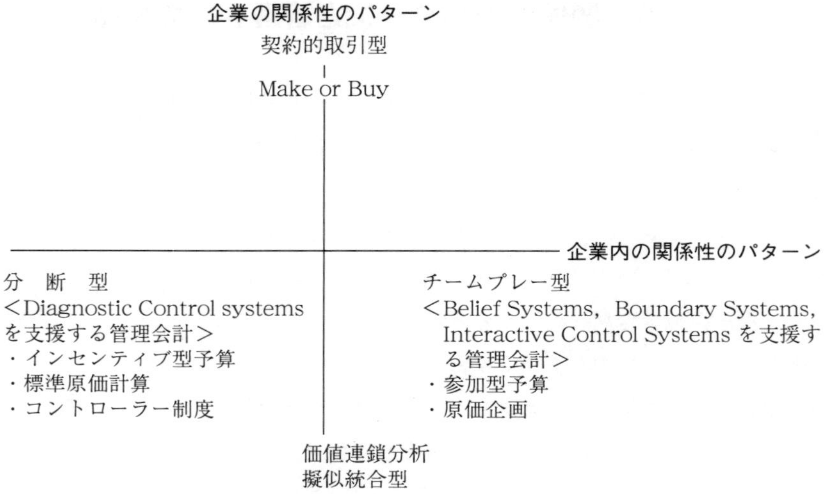

```
              企業の関係性のパターン
                    契約的取引型
                    Make or Buy




─────────────────────────────┼─────────────────────────── 企業内の関係性のパターン
  分　断　型                   チームプレー型
  <Diagnostic Control systems  <Belief Systems, Boundary Systems,
  を支援する管理会計>            Interactive Control Systems を支援す
  ・インセンティブ型予算          る管理会計>
  ・標準原価計算                ・参加型予算
  ・コントローラー制度            ・原価企画
                    価値連鎖分析
                    擬似統合型
```

バーが協力して仕事を遂行することをサポートすることによって競争力を向上させる。そして，それぞれ関係性のパターンにおける管理会計システムは，そのマネジメントを補完する計算的技法として，顧客価値創造や企業価値創造に貢献するのである。

　そうした一方で，すでに述べたように，それぞれの関係性のパターンにおけるマネジメントはそのパターンを安定化させる作用がある。そして，そのマネジメントと制度的補完性のある管理会計システムも，そのパターンを安定化させるように作用する。このことは，管理会計手法を導入・実施してもその効果が得られないことや，導入が困難であることの原因の1つとして考えられる。チームプレー型パターンの企業がインセンティブ型予算を導入するとチームプレー型パターンは崩壊してしまう。あるいは，分断型パターンの企業が原価企画を導入・実施しようとしても，その企業の組織メンバーはチームプレーをしないため，チームプレー型パターンの企業のようには原価企画の効果は得られないであろう。

以上のことから，顧客価値創造そして企業価値創造にとって効果的である関係性のパターンを安定化をさせるような管理会計は，企業にとって有用であると考えられるのである。このことは，顧客価値創造そして企業価値創造にとって有効でない関係性のパターンを安定化をさせるような管理会計は企業にとって有用ではないということを含意する。この場合には，関係性のパターンを変えると同時に，新しい関係性のパターンを安定化させるような管理会計が必要になる。

（注）
1) The nature of firm. *Economica.* vol.4, no.16 (November), pp.386-405.
2) Coase, *op. cit.*
3) Williamson, O. E., 1975. *Markets and Hierarchies, analysis and antitrust implications : A study in the economics of internal organization.* The Free press.
 （邦訳書：浅沼萬里・岩崎晃訳「市場と企業組織」日本評論社，1980年）
4) Williamson [1975]. 引用は邦訳書，42頁。
5) Williamson [1975]. 引用は邦訳書，49頁。
6) Williamson [1975]. 引用は邦訳書，49頁。
7) Williamson [1975]. 引用は邦訳書，49頁。
8) Williamson [1975]. 引用は邦訳書，49頁。
9) Williamson [1975]. 引用は邦訳書，85頁。
10) Williamson [1975]. 引用は邦訳書，139頁。
11) Williamson [1975]. 引用は邦訳書，140-141頁。
12) Williamson [1975]. pp.83-84.（邦訳書，140-141頁）
13) Williamson [1975]. pp.84-85.（邦訳書，142-143頁）
14) Williamson [1975]. pp.85-86.（邦訳書，144-145頁）
15) Williamson O. E., 1985. *The economic institutes of capitalism.* The Free press.
16) Williamson [1985], p.52.
17) Colbert and Spicer [1995], pp. 425-426.
18) スクリーニングとは，私的情報を持つ側のいろいろなタイプを情報のない側が何らかの基準によって区別するための行動のことを言う（Milgrom & Roberts [1992]）。
19) Dyer [2000], p.13.
20) Dyer [2000], p.14.
21) Dyer [2000], p.37.
22) Dyer [2000], p.37.
23) Dyer [2000], p.37.

24) Shank & Govindarajan [1993], p.14. 引用は邦訳書, 10頁。
25) Shank & Govindarajan [1993], p.14. 引用は邦訳書, 11頁。
26) Shank & Govindarajan [1993], p.51. 引用は邦訳書, 46頁。
27) Shank & Govindarajan [1993], p.51. 引用は邦訳書, 46頁。
28) この引用は, Shank & Govindarajan [1993], p.55.（邦訳書, 50頁）
29) この引用は, Shank & Govindarajan [1993], p.55.（邦訳書, 51頁）

第5章　環境変化が関係性のパターンに与える影響
——顧客価値創造プロセスの分解からコラボレーションへ——

　第4章までは，分業を前提とした関係性のパターンとそのための管理会計を考察してきた。その考察において，理論モデルを援用しながら，企業内および企業間の関係性のパターンの内容，そのマネジメントにおける管理会計手法の位置づけとその有用性を明らかにしてきた。

　ここまでの考察は分業が適切に行われると顧客価値を効率よく創造し企業価値が高くなるということを前提としていた。しかしながら，この前提が成立せず，分業が適切に行われても企業価値が増加しないという状況では，既存の分業のやり方の有効性が問われるようになる。実際，今日のビジネス書の多くが提唱する経営手法は既存の分業のやり方の有効性を問いかけるものであり，新しい分業のあり方を示唆している。そのような新しい分業は既存の関係性のパターンに影響を与え，ひいては新しい関係性のパターンを生み出すと考えられる。そこで，本章では，今日の経営環境における既存の分業の有効性を検討し，関係性のパターンがどのように変容するかを考察する。

第1節　経営環境の変化についての検討

　大量生産を前提とした競争においては，伝統的な分業がもたらす高い効率性・生産性は競争力を高め，企業価値を高めるのに貢献したことは容易に理解

できる。しかしながら，経済が発展し顧客のニーズが多様化し始めると，それに対応するために企業は大量生産から多品種少量生産への変更が余儀なくされるようになった。その結果，大量生産を前提とした分業体制も多品種少量生産に対応するように変更が求められ，関係性のパターンも変化するのである。例えば，Johnson and Bröms [2000] は，1970年代以降の大量生産から多品種少量生産への変化が自動車メーカーの製造プロセスにおける関係性のパターンにどのような影響を与えたかについて分析し，ビッグ・スリーはバッチ生産方式によって製品の多様化を実現しようとして，作業の切れ目の無い流れ(Continuous Flow) という関係性のパターンを結果的に損なってしまったと説明している。

顧客のニーズの多様化という現象は経営環境の変化の一例であるが，ＩＴ革命や中国への生産シフトなどの1990年代以降の経営環境の劇的な変化は関係性のパターンに大きな影響を与えると考えられる。このような1990年代以降の経営環境の変化を表すキーワードとして，グローバル化と情報化があげられるだろう。本節ではグローバル化および情報化の内容を検討してみよう。

1　グローバル化

企業の経済活動が国際化すると，企業が製品・サービスを提供する市場は1国から複数の国に拡大し，同一国の企業だけでなく多様な国の多様な企業と競争しなくてはならなくなる。この結果，競争のグローバル化が進展し，かつ激しいものとなったのである。こうしたグローバルな競争は一般にメガ・コンペティションと言われるが，グローバル化についてメガ・コンペティションという視点から見てみよう。

1990年代以降の競争のグローバル化の特徴として，中国をはじめとする人件費の低いアジア諸国の企業が競争に参入し，圧倒的なコスト優位を獲得したことがあげられる。人件費の面でそうした企業と比べて不利な欧米や日本の企業がコスト優位を獲得することは，もはや困難となっている。欧米や日本の企業がメガ・コンペティションに対処する方策としては，2つ考えられる。1つは，

人件費の安いアジア諸国あるいは東欧諸国に生産拠点をシフトすることである。生産拠点のシフトは人件費を低下させコストの削減が可能となるが，そのような生産拠点のシフトは価格面での競争を一層激化させることになり，業界全体の収益性を低下させることにつながる。

　もう1つは，コスト優位に対抗するために差別化優位を獲得することである。差別化優位を獲得するためには，買い手が望ましいと考える特徴を製品・サービスに付与しなければならないが，消費者のニーズが多様化しその変化が激しいので買い手が望ましいと考える特徴もすぐに変化していく。そのため，持続性のある差別化優位を獲得することは容易ではなく，それが競争を激化させるのである。

　以上のように，メガ・コンペティションでは，中国をはじめとする人件費の低いアジア諸国の企業がコスト優位を獲得し，業界全体の収益性が低下する一方で，欧米や日本の企業は持続性のない差別化優位の獲得か生産拠点のシフトを余儀なくされるのである。特に，このような激しい競争では，Porterが言うような持続性のある競争優位を獲得することは容易ではなく，一時的な競争優位しか獲得できないような状況になっている。そこで，メガ・コンペティションにおいては，「競争直面戦略（Confrontation Strategy）」が有効であるとCooper and Slugmulder [2000]は指摘するのである。競争直面戦略は，「ライバルの製品に対して常に勝つように努力する」[1]という戦略であり，一時的な競争優位を連続して生み出すことによって企業は生き残るのだと主張する。そして，サバイバルの要素として価格／コスト，機能，品質の3要素をあげ，各要素においてサバイバル・ゾーンが存在することを指摘し，その3要素を競争相手よりも上手にマネージできるとき，リーン・リーダーになり高い業績をあげられると説明している。

　さて，グローバル化はメガ・コンペティションという面だけでなく，コーポレート・ガバナンスの面でも企業経営に影響を与える。このことについても見ておこう。資本市場のグローバル化によって，企業はグローバルな資金調達が可能になった。例えば，日本企業がニューヨークやロンドンの証券市場に上場

する一方で，海外企業が日本市場に上場するようになった。

　他方，投資家の立場からすると，グローバルな投資が可能になった。例えば，海外の投資家が日本市場で日本企業の株主になったり，日本の投資家が海外市場で海外企業の株主になったりするのである。資本市場のグローバル化は株主のグローバル化を促進し，その結果コーポレート・ガバナンスが変容する。例えば，日本企業では機関投資家の株式持合いが一般的であったが，資本市場のグローバル化に伴い外国人投資家が増え株式持合いが解消される傾向にある。その結果，企業の最重要の目標としてシェアの増加ではなく，株主価値（あるいは企業価値）の増大が求められるようになっている。また，一部の投資家は投機的な投資を行っており，企業そのものを商品と見るような投資家も存在する。そうした投資家に適切に対処できないと企業として存続することは難しくなるだろう。

　さらに，資本市場のグローバル化に伴う国際会計基準（International Accounting Standard，以下IASと略称）の導入も企業経営に影響を与える。会計基準は企業の経営成績・財政状態の測定・伝達に関するルールなので，会計基準の変更は企業行動に少なからず影響を与える。ＩＡＳは投資家にとって投資意思決定に有用な情報を提供することを目的とするものであり，グローバルな資本市場では投資家はＩＡＳに基づいて作成される財務諸表によって企業の評価を行うようになる。企業の経営成績の評価方法が変わり，そうした評価に基づいてコーポレート・ガバナンスが行われるならば，企業も旧来の会計上の利益ではなく，株主価値・企業価値を増大することが求められるのである。

　メガ・コンペティションや資本市場・会計基準のグローバリゼーションは，企業経営を変容させるような影響を与える。それは，企業の戦略や組織の見直しを迫るものであり，その意味では，グローバル化は企業経営変容の原因（イニシエーター）ととらえることができる。

2 情 報 化

　情報技術（ＩＴ）の進展が企業経営に与える影響についての議論は1960年代頃からなされており，それらの議論を象徴する様々なキーワードが生まれた。それらはＭＩＳ（Management Information System, 経営情報システム[2]），ＤＳＳ（Decision Support System, 意思決定支援システム[3]），ＳＩＳ（Strategic Information System, 戦略的情報システム[4]），ＢＰＲ（Business Process Reengineering, リエンジニアリング[5]），ＣＡＬＳ（Commerce At Light Speed[6]）などであり，1990年代に入ってからはＩＴ革命であろう。

　木村［2001］によると，1990年代以降の情報化がそれ以前の情報化と異なる点として次のような２点が指摘されている。

　第１の相違点として，ＩＴ自体の技術革新により情報システムの内容が変容したことがあげられる。具体的には，メイン・フレームを中心とした情報システムからクライアント・サーバ型のシステムに移行し，さらにＴＣＰ／ＩＰなどのプロトコルやＷＥＢの技術の進展によってグローバルでオープンなネットワークが構築されるようになったのである。その結果，そのシステムを誰もが利用できるようになったため，情報システムを競争優位の源泉としてとらえるのではなく，むしろビジネスのインフラとしての活用が重視されるようになってきたのである。

　上記の第１の相違点に関連して，事務処理の効率化のためのＩＴの活用から，仕事のやり方や作業の組織化を改善するためのＩＴの活用に重点がシフトしたことが第２の点としてあげられる。このことは，既存の仕事の体系を所与としてＩＴを利用するとどれほど仕事の効率性が改善されるかという論点から，既存の仕事のやり方や体系は固定的なものではないという前提に立ちＩＴをビジネスの基盤としてどのように仕事のやり方や作業の組織化を改善していくかという論点へのパラダイム・シフトとして認識すべきであろう。ＭＩＳやＤＳＳは前者の論点に立つキーワードであり，ＳＩＳ，ＢＰＲ，ＣＡＬＳは後者の論点に立つキーワードであろう。

ＩＴ自体の技術革新および情報化についての論点のシフトという特徴のある，1990年代以降の情報化が「ＩＴ革命」としてとらえられるのは，ＩＴが従来の仕事のやり方やビジネス・プロセスを革新するためである。情報化は，グローバルでオープンな情報ネットワークをビジネスのインフラとして位置づけ，それを踏まえた（従来とは異なる発想に基づく）ビジネスのやり方をもたらす。それは，旧来のビジネスのやり方と大きく異なっており，それゆえ革命的だと考えられるのである。

　このように仕事のやり方を変えるような情報化もまた，企業経営を変容させるような影響を与える。しかしながら，それは，グローバル化のように企業の戦略や組織の見直しを迫るというよりは，グローバル化によって見直しを迫られた企業の戦略や組織を変革する手段を与えるという側面を持っている。その意味では，情報化は企業経営変容の促進要因（プロモーター）としてとらえることができる。

第2節　関係性のパターンの変容

　ここまでの考察を踏まえて，グローバル化・情報化に象徴される1990年代以降の経営環境の変化によって関係性のパターンはどのような影響を受けるかを検討してみよう。

1　分業の変容

　今まで考察してきた分断型パターンおよびチームプレー型パターン，そして契約的取引型パターンおよび疑似統合型パターンは，顧客価値創造プロセスを要素に分解する分業を前提としている。1990年代以降の経営環境の変化がそれらの関係性のパターンにどのような影響を与えるかを明らかにするためには，分業という仕事のやり方は変化するのかどうかを考察するところから始める必

要がある。そこで，1990年代以降の経営環境の変化が分業という仕事のやり方を変化させるかどうか検討してみよう。

中国をはじめとする人件費の低いアジア諸国の企業がメガ・コンペティションにおいて持続性のあるコスト優位を獲得し，かつ顧客のニーズが多様化し製品のライフ・サイクルが短縮化する状況においては，ある製品・サービスをいかに効率よく生産・提供するかという効率性（Efficiency）の視点よりも，どんな製品・サービスを生産し提供すればよいかという有効性（Effectiveness）の視点も競争上重要視されるようになる。言い換えれば，How to produce だけでなく What to produce も競争上の重要な要因となったということである。既存の市場で競争優位をもたらすような製品・サービスを生産・提供するだけではなく，新市場を生み出すような製品・サービスの開発が企業価値創造のために必要なのである。

また，効率性を高めるという点でも，顧客価値創造を個々の活動に分解するような分業を前提として習熟効果等によってそれぞれの専門性を高めるという方法以外に，分業体制そのものを改善することの方が有効[7]な場合があることが認知されるようになった。

これらのことは，分業を適切に行っていても競争力が向上せず，企業価値も増加しにくいことを示唆している。つまり，1990年代以降の経営環境の変化によって分業という仕事のやり方の見直しが迫られており，その結果分業は変容すると考えられるのである。その変容の内容を明らかにするために，既存の分業体制のどのような点に問題があるのかを分析してみよう。

分業の基本的な概念は，顧客価値創造プロセスを各要素に分解することだととらえることができる。その背景には，顧客価値創造プロセスについて要素還元型の分析を行い，各要素の効率性を向上すれば全体の効率性も向上するという機械論的な思考[8]があると考えられる。顧客価値創造プロセスを分解し専門性を高めるという分業は，個々の活動の効率性を高めることにより全社的な効率性を高め，その結果として収益性が高くなり，企業価値を高めると考えるのである。このような分業は製品・サービスの生産・供給における効率性を高め

るという点で企業の競争力を高めることに寄与すると考えられる。

しかしながら，中国をはじめとする人件費の低いアジア諸国の企業がメガ・コンペティションにおいてコスト優位を獲得した状況では，効率性の向上を目的として分業の専門性を高めるだけでは企業はもはや競争力を維持・向上できないであろう。このことは，「専門化によって効率性を向上する」という伝統的な分業のパラダイムから，「分業にコミットするメンバーが創意工夫して効率性を向上する」というパラダイムへのシフトが必要となることを意味する。また，全体の効率性を高める上で，分業という作業の組織化自体を見直すことも重要である。Hammer and Champy [1993] は分業体制のような既存のビジネス・プロセスの問題点を取り上げ，コストや効率性を劇的に改善するためには業務を抜本的に改革するＢＰＲが必要だと提唱している[9]。ＢＰＲは全社的なビジネス・プロセスを対象としているが，製造プロセスについて見ても，ＴＯＣ（Theory Of Constraints, 制約理論）やセル生産方式などのように，伝統的な流れ作業という分業を見直すことによって生産性を向上させる手法も考案されている。これは，専門化によって効率性を向上するという分業の思考とは異なり，Johnson and Bröms [2000] が言うような作業の組織化を改善することによって効率性が向上するという思考を反映するものである。

上記のように，メガ・コンペティションにおいては，効率性ないしは生産性を向上させる上で，その特徴である専門化だけでは十分な効果をあげられない点に伝統的な分業の限界があると考えられる。そして，この限界を超えるために，「分業にコミットするメンバーが創意工夫して効率性を向上する」という新しい分業のパラダイムや，分業というビジネス・プロセス自体の抜本的な改革が必要になってきたのである。

さらに，メガ・コンペティションにおける有効性という点でも，分業に限界があると考えられる。メガ・コンペティションにおける有効性は，どんな製品・サービスを生産・提供するかという点にある。そのためには，マーケティング，新製品開発，量産試作，生産，販売などの活動に関わるメンバーが新製品の企画・設計・開発にコミットすることになる。新製品の企画・設計・開発

においては，そうしたメンバーの創造性を活用することが重要であり，企業には個々のメンバーの創造性を統合して新しいアイディアを生み出すことを可能にすることが要求される。そこで，新製品開発のための特別なプロジェクト・チームを作る場合がある。しかしながら，プロジェクト・チームを作っても，そのメンバーの行動は要素還元型の分業を前提とした関係性のパターンに依存するため，個々のメンバーの創造性が統合されて新しいアイディアが生み出されるとは限らない。分断型パターン企業の従業員はチームワークには慣れていないし，チームワーク型パターン企業の従業員はチームワークには慣れていても，個人として創造性を発揮することに慣れていないかもしれない。さらに言えば，分業は顧客価値創造プロセスを個々の職能や活動・タスクに要素還元するものであり，個々のメンバーの創造性を統合するためのメカニズムではないため，このような組織的知識創造には適合しないと考えられるのである。

　以上のように，顧客価値創造プロセスを要素に分解する分業体制には，専門化だけでは十分な効果をあげられない点，および，個々のメンバーの創造性を統合する積極的な機能が十分でない点があり，これらの点が経営環境の変化によって分業体制の問題点として露見してきたと考えられるのである。別の言い方をすれば，1990年代以降の経営環境の変化に対応するために，企業は上記のような分業体制の問題点を克服するかあるいは改善することが求められているということである。その過程において，「顧客価値創造プロセスを要素還元する」というパラダイムおよび「専門化によって効率性を向上する」という伝統的な分業のパラダイムの1990年代以降の企業経営への妥当性が問われることになり，その結果，「分業にコミットするメンバーが創意工夫して効率性を向上する」というパラダイム，「個々のメンバーの創造性を統合する」というパラダイムへのシフトが生じるのである。それは，顧客価値創造プロセスを分解するのではなく，優れた経済主体の活動を統合して顧客価値プロセスを構築することを意味する。そして，優れた経済主体の活動を統合するときに組織的知識創造が行われ，顧客価値そして企業価値が創造されるのである。

2　企業内の関係性のパターンへの影響

前述のように,1990年代以降の経営環境の変化は,顧客価値創造プロセスを要素に還元する分業体制から,優れた経済主体の活動を統合して顧客価値プロセスを構築するような要素を結合するビジネス・プロセスへと分業を変容させた。それは,分業を前提とした関係性のパターンも変容させる。ここでは,分業を前提とした企業内の関係性のパターンがどのように変容するかを明らかにする。

1990年代以降の経営環境の変化は既存事業・製品の収益性を低下させるが,そのような状況ではチームプレー型パターンを維持することはできなくなる。このことを第2章のモデルを用いて説明してみよう。モデル的には,経営環境の変化によって既存事業・製品の収益性が低下する状況は,組織メンバーが協力して努力しても利得が増えないような状況を意味する。そこで,A,Bがともに努力したときに得られる追加的な報酬は表2-1のR_Hではなく,R_Mに変更され,R_LはR'_Lに変更されるとしよう。ただし,組織メンバーが協力して努力しても全体の利得が増えないので,R_MはR_Hよりもかなり小さいものとし,$R'_L < R_M$,$R_M - E_A \leq R'_L$,$R_M - E_B \leq R'_L$,$R'_L < R_L$とする。このことを踏まえると,表2-1の利得表は表5-1のように変更される。

経営環境の変化によって,チームプレー型パターンが成立するような分業が表5-1で示されるようにメンバーが自発的に努力しても利得が増えないような分業に変質してしまうと,チームプレー型パターンという均衡を維持することはできなくなるのである。

表5-1　変更された利得表

		B	
		努力する	努力しない
A	努力する	$B_A + R_M - E_A$, $B_B + R_M - E_B$	$B_A + R'_L - E_A$, $B_B + R'_L$
	努力しない	$B_A + R'_L$, $B_B + R'_L - E_B$	B_A, B_B

さらに，チームプレー型パターンでは，「企業目標達成のために長期的に自発的に努力する」という戦略が従業員にとって最適な戦略となるように，長期雇用制度や年功制などが導入・運用されている。そのため，経営環境の変化によって既存事業・製品の収益性が低下する状況では，長期雇用の従業員の人件費が企業経営を圧迫することになるので，企業の存続のために人件費削減を目的とした，いわゆる「リストラ」が行われるようになる。しかしながら，企業のそうした対策は「企業目標達成のために長期的に自発的に努力する」という戦略がもはや従業員にとって最適な戦略とはなりえないことを意味し，また，リストラされない従業員のモラールも低下させてしまうのである。日本企業が早期退職勧告制度を実施すると予定以上の希望者があるのはこうしたことの1つの例証であろう。

他方，分断型パターンも，経営環境の変化によって既存事業・製品の収益性が低下する状況では機能しなくなる。分断型パターンでは，エイジェンシー関係を基礎としたマネジメントが行われ，従業員の努力を引き出すためにインセンティブが必要となる。しかしながら，経営環境の変化によって既存事業・製品の収益性が低下すると，個々の従業員に対する報酬は表5－1の（努力する，努力する）というセルで示されるような利得になり，従業員の努力を引き出すためのインセンティブとして必ずしも十分なものとはならないのである。また，表5－1で示される基本給部分のB_A，B_Bを低くし，報酬に占めるR_Mの割合を大きくするようなインセンティブ・システムも考えられるが，既存事業・製品の収益性が低下する状況では，努力しても報酬の総額が増加するわけではない。むしろ，R_MがR_Hよりかなり小さくなると想定される状況では，そのようなインセンティブ・システムは実質的に従業員の報酬を削減するように作用し，従業員の努力を引き出すことは困難だと考えられるのである。

以上のように，顧客価値創造プロセスを要素に還元する分業体制が企業価値創造および顧客価値創造プロセスにおいて適切に機能しない状況では，分業を前提としたチームプレー型パターンおよび分断型パターンもまた企業価値創造および顧客価値創造にとって必ずしも適合した関係性のパターンではないと考

えられる。そこで，既存の分業体制に代わって，優れた経済主体の活動を統合して顧客価値創造プロセスを構築するような要素を結合するビジネス・プロセスを前提とした関係性のパターンへと変容していかなければならないのである。以下で，優れた経済主体の活動を統合して顧客価値創造プロセスを構築するような要素結合的なビジネス・プロセスを前提とした関係性のパターンについて考察してみよう。

優れた経済主体の活動を統合して顧客価値創造プロセスを構築するような要素結合的なビジネス・プロセスは，企業内ではもともと分業体制の顧客価値創造プロセスの活動にコミットしていた組織メンバーのコンピテンシーを高め，彼らのナレッジを活用して組織的知識創造を行うプロセスを内包する。このことを，新製品の開発・生産を例にあげて説明してみよう。新製品開発にあたっては，研究開発部門のメンバーだけでなく，マーケティング部門，生産部門，販売部門などのメンバーが参加し，彼らが新製品開発に必要な情報（例えば，マーケットの状況，利用可能な技術など）を提供し共有する。その上で，新製品開発についての彼らのインタラクションによって彼らの個々のナレッジが連結され，1つの組織的なナレッジとして創造され，それによって新製品のコンセプトが具体化されていくのである。また，生産部門のメンバーの個人的なナレッジを明示化し，生産部門のメンバー間で共有したり，生産部門以外のメンバーのナレッジを活用したりすることによって，より効率的でフレキシブルな生産工程を設計することも可能であろう。

このような，組織メンバーのコンピテンシーを高め，彼らのナレッジを活用して組織的知識創造を行うプロセスはコラボレーション（協調・提携）を伴うのであり，優れた経済主体の活動を統合して顧客価値創造プロセスを構築するような要素結合的なビジネス・プロセスに適合した関係性のパターンとして，コラボレーション型パターンとも言うべき関係性のパターンが企業内に構築されると考えられるのである。

3 企業間の関係性のパターンへの影響

前項では,経営環境の変化によって,分業を前提としたチームプレー型パターンおよび分断型パターンという企業内の関係性のパターンがもはや企業価値創造および顧客価値創造にとって必ずしも適合した関係性のパターンではなくなり,優れた経済主体の活動を統合して顧客価値創造プロセスを構築するような要素を結合するビジネス・プロセスを前提とした関係性のパターンへと変容していかなければならず,コラボレーション型パターンが形成されることを明らかにした。同様に,企業間取引を基礎とする企業間の関係性のパターンについても,コラボレーション型パターンが形成されると考えられる。このことを以下で考察する。

顧客価値創造プロセスが1つの組織だけで完結するものではないという点に着目すれば,企業間の関係性のパターンは企業のコストを規定するものと考えられる。例えば,部品の自製か購入かという意思決定の結果,自製を選択すれば部品製造という活動を自社内で行うことになり,部品製造コスト(すなわち,当該部品の製造に必要な原材料費＋加工費)が発生する。その一方で,購入を選択すれば部品製造という活動は自社では必要なくなり,代わりに部品調達コスト(すなわち,当該部品の取得原価＋附随費用)が発生する。このように,企業間の関係性のパターンが企業のコストを規定するとすれば,価格引下げの圧力が高く既存事業・製品の収益性が低下するようなメガ・コンペティションでは,企業間の関係性のパターンを見直してコストを低減するような企業間の関係性のパターンを構築することが求められるようになる。例えば,部品の購入から内製へ変更することによって部品の製造コストが発生しても調達コストより少なければ,製品コストを削減することができるし,逆に,部品の内製から外部企業からの購入に変更した場合,調達コストが製造コストよりも少なければ製品コストが削減できる。

さらにメガ・コンペティションに対処していくためにはコスト削減だけでなく,Cooper and Slugmulder [2000] の指摘するように,価格／コスト,機能,

品質の3要素について競合相手よりも上手にマネージし一時的な競争優位を連続して生み出していく競争直面戦略が求められる。したがって，企業間の関係性のパターンは，コスト削減という観点からだけではなく，顧客価値を高めるための機能・品質を創出するという観点からも見直す必要があるのである。

　以上のことを踏まえると，メガ・コンペティションに対処するという点において，それまでの企業間の関係性のパターンは変化する経営環境に適合しなくなり，優れた経済主体の活動を統合して顧客価値創造プロセスを構築するような要素結合的なビジネス・プロセスを反映した企業間の関係性のパターンへと変容していくと考えられるのである。そして情報化は，こうした企業間の関係性のパターンの変容を促進すると考えられる。そこで，優れた経済主体の活動を統合して顧客価値創造プロセスを構築するような要素結合的なビジネス・プロセスを反映した企業間の関係性のパターンを明らかにする準備として，ＩＴが企業間の関係性のパターンの変容にどのように関わるかについて分析してみよう。

　1990年代以降の情報化の進展によって，企業はグローバルでオープンなネットワークをビジネスのインフラとして利用できるようになった。それは，以前の情報システムとは異なり，低コストで世界中の企業とコンタクトをとることを可能にする。このことは，企業間の関係性のパターンを決める要因となる「自製か購入か」という意思決定に影響を与える。「自製か購入か」という意思決定は取引可能な相手を探索するプロセスを伴うが，サプライヤーの探索にコストがかかるので，必ずしも適切なサプライヤーを候補として選べるとは限らない[10]。その結果，適切なサプライヤーを見つけられないため高いコストをかけて自製するというような事態が生じるのである。しかし，グローバルでオープンなネットワークを利用すれば，多額の探索コストをかけなくても適切なサプライヤーを見つけるのが容易になり，常に最適なサプライヤーから調達するという世界最適調達が可能になる。したがって，「自製か購入か」という意思決定について，グローバルでオープンなネットワークを利用することによってより適切な決定ができるようになるのである。そして，グローバルで

オープンなネットワークを活用した調達がグローバル・スタンダードなビジネス・プロセスとして定着していくのである。他方，グローバルでオープンなネットワークを利用した調達活動と並行して，メーカーはそのネットワークを利用して戦略的重要性の高いサプライヤーと情報を共有して密接な協力関係を築いたり，ロジスティックスを改善したりすることもできる。

このようにＩＴによって，契約的取引型パターンをよりフレキシブルに形成できるようになるのと同時に，擬似統合型パターンをより深化することができる。ＩＴによる契約的取引型パターンのフレキシブル化と擬似統合型パターンの深化は，価値システムの視点からは，優れた経済主体の活動を統合して顧客価値創造プロセスを遂行するような要素結合的なビジネス・プロセスの構築が促進されることを含意する。契約的取引型パターンのフレキシブル化は，優れたコア・コンピタンスを持つ企業と必要に応じて適切に取引することを可能にし，擬似統合型パターンの深化は優れたコア・コンピタンスを持つ企業との相互作用を創出し，その結果，企業間の連携による知識創造が可能になるのである。

さらに，一般論として，競争力を高めていくには競合相手よりも効率的で有効性の高い価値活動を行うことが必要となるが，各企業とも経営資源は限られており，すべての価値活動について効率性および有効性の面で競合相手よりも優位に立つことは容易ではない。そこで，価値活動のうち競合相手よりも効率的で有効性の高い活動に経営資源を集中し，そうでない活動については当該活動をもっとも効率よく行う企業に委託することが競争上有利になる。この過程において，競合相手にない，あるいは競合相手より優れた，自社固有の能力ないしは経営資源が浮かび上がってくる。Hamel and Prahalad [1994] は，こうした企業固有の中核的能力ないしは経営資源を「コア・コンピタンス (Core Competence)」と定義し，顧客に特定の利益をもたらす一連のスキルや技術であると説明している。

Hamel and Prahalad [1994] の言うコア・コンピタンスの説明に従うと，コア・コンピタンスを形成しない活動，あるいは顧客価値創造に直接的な貢献を

しない活動に経営資源を投入することは競争上不利になり，企業価値の創造にも寄与しないということになる。そこで，そうした活動については自社内で行うのではなく，アウトソーシングなどのように外部に委託するようになるのである。アウトソーシングのような外部委託は，市場取引の内部化ではなく，内部取引の外部化ととらえられる。標準的な財・サービスの自社生産を中止し外部企業から調達するというだけではなく，顧客価値創造プロセスにおいて価値を創造しないような活動（例えば，給与計算など）を外部委託するのである。各企業がこのような内部取引の外部化を行うと，複数の企業がコア・コンピタンスに基づいて連携するような形で顧客価値創造プロセスを遂行するようになり，そのような顧客価値創造プロセスにコミットする企業の間には相互補完的で互恵的な関係が成立すると考えられる。言い換えれば，グローバルでオープンなネットワークの活用を基礎として，各企業が自社のコア・コピタンスを形成しそれを相互補完するようなコラボレーション型パターンが構築されるということなのである。

第3節　コラボレーション型パターン

　1990年代以降の経営環境の変化によって，分断型パターンおよびチームプレー型パターンという企業内の関係性のパターン，契約的取引型パターンおよび擬似統合型パターンという企業間の関係性のパターンが変容し，コラボレーションによる知識創造を実現するような関係性のパターンが形成されることを考察してきた。そのような関係性のパターンをコラボレーション型パターンと呼ぶことにし，ここではコラボレーションおよびコラボレーション型パターンの内容，特徴についてもう少し検討してみよう。

1　コラボレーションについて

　コラボレーション（collaboration）は協働ないしは協調を意味する用語であるが，協働ないし協調に関与する主体間の相互作用によって何か新しいことを創造するという含意を持つ。例えば，日本の諺にあるような「三人寄れば文殊の知恵」というようなことである。このことを企業の顧客価値創造や企業価値創造の活動というコンテクストで考えてみると，コラボレーションは，優れたコア・コンピタンスを持つ企業ないしコンピテンシーを持つ個人が，それぞれのナレッジを活用して知識創造を行う有機的な相互作用と定義することができるのである。

　上記のように定義されるコラボレーションは，メガ・コンペティションにおいて次のような優位性を持つと考えられる。

　第1は，競争力のある新製品や新事業を創出する点における優位性である。メガ・コンペティションにおいては，Cooper and Slugmulder [2000] の指摘するように，価格／コスト，機能，品質の3要素について競合相手よりも上手にマネージし一時的な競争優位を連続して生み出していく競争直面戦略が求められ，具体的には，競争力のある新製品を開発し市場に投入することが求められる。競争力のある新製品の開発には知識創造が不可欠であるが，伝統的な分業体制はオペレーショナルな効率性ないしは生産性を重視しすぎる傾向があり，新製品の開発のための知識創造は全社的には行われてこなかった。これに対し，コラボレーションは，優れたコア・コンピタンスないしコンピテンシーを持つ経済主体が，それぞれのナレッジを活用して知識創造を行う有機的な相互作用であり，こうした知識創造の結果は，競争力のある新製品の開発あるいは新事業の展開に結実しうる。その意味において，メガ・コンペティションにおける優位性がコラボレーションには見られるのである。

　第2に，経営環境の変化に適応して，価値連鎖や価値システムを素早く柔軟に変更できる点があげられる。このことを，自動車を例にとって考えてみよう。従来，自動車はガソリン・エンジンを原動機としていたが，環境問題に対処す

るために，ハイブリッド・エンジンや燃料電池を利用した原動機を搭載する自動車を市場に投入するようになった。このようなモーターや燃料電池の開発および生産は，もともとは自動車メーカーの活動にはないので，新たに自社内でそうした技術を開発しモーターや燃料電池を開発・生産できるような能力を構築しなければならない。しかしながら，それらの開発・生産についてのコア・コンピタンスを持つ企業（例えば，電気メーカー）とのコラボレーションを行えば，自社でそのような能力を開発するコストや時間を削減することが可能となり，顧客ニーズの変化や経営環境の変化に迅速に対応できるようになる。

顧客のニーズが多様化しそれが激しく変化するような状況では，新製品の開発・生産に必要なコンピタンスも変化する。そのようなコンピタンスをすべて1社が持つことは現実的ではない。また，疑似統合型パターンも比較的長期間の安定的な企業間関係を前提としているため，コラボレーションのように素早く価値システムを変更するのは容易ではない。この点において，コラボレーションの優位性が認められるのである。

2　コラボレーション型パターンについて

前述のようにコラボレーションを可能にし知識創造を実現するような経済主体の関係性のパターンがコラボレーション型パターンと定義される。すでに見たように，コラボレーション型パターンは，分断型パターンおよびチームプレー型パターンという企業内の関係性のパターン，そして契約的取引型パターンおよび擬似統合型パターンという企業間の関係性のパターンが変容して構築される。したがって，コラボレーション型のパターンには，企業内のコラボレーション型パターン，および企業間のコラボレーション型パターンが存在することになる。そこで，企業内のコラボレーション型パターンと企業間のコラボレーション型パターンとに分けて，それぞれの内容を検討してみよう。

(1) 企業内のコラボレーション型パターン

　企業内のコラボレーションは,基本的に,従業員一人一人がそれぞれのナレッジを活用して組織的知識創造を行う有機的な相互作用と考えられる。このようなコラボレーションには,個々の従業員の個人的知識創造を支援することと,そうした個人的知識創造を組織的知識創造に展開できるような「場」を提供することが必要である。このような「場」における従業員の関係性のパターンが企業内のコラボレーション型パターンとしてとらえられる。

　個人的知識創造を組織的知識創造へ展開していくためには,従業員の相互作用が必要となる。そのため,個々の従業員の間の関係は分断されたものではなく,その意味では,企業内コラボレーション型パターンはチームプレー型パターンと基本的に類似のパターンとしてとらえることができる。このような類似性が認められる一方で,企業内コラボレーション型パターンとチームプレー型パターンとの相違点として,その関係性のパターンにおける「個」の位置づけをあげることができる。これは,従業員に対するエンパワーメントの範囲に起因する。エンパワーメント（empowerment）は,自由裁量権の拡大,権限の委譲などを表す概念である。チームプレー型パターンは要素還元型の分業を前提とするため,与えられた仕事を遂行するのに必要とされる程度のエンパワーメントが必要となるが,企業内のコラボレーション型パターンは個人の知識創造を促すために,チームプレー型パターンに比べてかなりの程度のエンパワーメントを必要とする。そのため,エンパワーメントが大きいほど従業員は「個」としての存在感が高まり,そうした個人の間にはチームプレー型パターンのような相互依存（Interdependence）ではなく,相互作用（Interaction）が成立すると考えられるのである。以上のことから,企業内コラボレーション型パターンは,エンパワーメントされた従業員による組織的知識創造に向けた相互作用の関係と言えるのである。

(2) 企業間のコラボレーション型パターン

　企業間のコラボレーションは,コア・コンピタンスを持つ企業がそれぞれの

コンピタンスを活用し自社の得意とする価値活動を担当し，協働して企業間で組織的知識創造を行うことによって全体として顧客価値創造を行うものである。このような企業間のコラボレーションについては，企業間の関係は基本的には「契約」ないし「取引」が基礎となる。したがって，コラボレーション型パターンが取引を基礎としている点に着目すれば，それは擬似統合型パターンとの類似性を持つと考えられる。

　しかしながら，次のような相違点も認められる。第1に，コラボレーション型パターンは価値連鎖の再編さらには価値システムの再編も包含するという点である。コア・コンピタンスという思考や，顧客価値創造に直接貢献しない活動（例えば，給与計算など）あるいは競合相手に劣る活動をアウトソーシングするという思考は，垂直的統合を想定した擬似統合型パターンとは異なる思考である。擬似統合型パターンは市場取引の内部化を基礎にして構築されるのに対し，コラボレーションは外部取引の内部化と内部取引の外部化の両方を基礎にして構築される。そのため，コラボレーション型パターンでは取引の内部化および外部化がダイナミックに行われ，その結果，価値連鎖の再編さらには価値システムの再編を引き起こすと考えられるのである。

　第2に，擬似統合型パターンは持続性のあるパターンであるのに対し，コラボレーション型パターンは必ずしも持続的ないしは永続的なパターンではないという点である。先に述べたように，コラボレーションは価値連鎖や価値システムを素早く柔軟に変更できるという優位性を持つ。このような優位性を持つコラボレーションを行うためには，コラボレーションにコミットする企業や企業間の取引の内容がフレキシブルに変更可能であることが必要である。その意味において，企業間コラボレーション型パターンは擬似統合型パターンのように継続的な取引を前提として構築されるのではなく，コア・コンピタンスを持つ企業が経営環境の変化に即応できるように自律的に構築されるパターンだと考えられるのである。

(3) コラボレーション型パターンのイメージ

以上のことをまとめると，コラボレーション型パターンへのシフトは図5－1のように示される。

企業内では，エンパワーメントされた個人がコラボレートし組織的知識創造を行い，コア・コンピタンスが構築される。そして，そのようなコア・コンピタンスを持つ企業がコラボレートし，顧客価値創造を行うのである。このようなコラボレーションを可能にし，知識創造を実現するような経済主体の関係性のパターンがコラボレーション型パターンであり，コラボレーションが企業内および企業間で起こるということに着目すると，企業内のコラボレーション型パターンと企業間のコラボレーション型パターンが存在するのである。

企業内のコラボレーション型パターンは，エンパワーメントされた個人が組織的知識創造にコミットしていくような相互作用(Interaction)の関係である。このイメージは，図5－2のように示される。このような企業内のコラボレー

図5－1　コラボレーション型パターンの形成

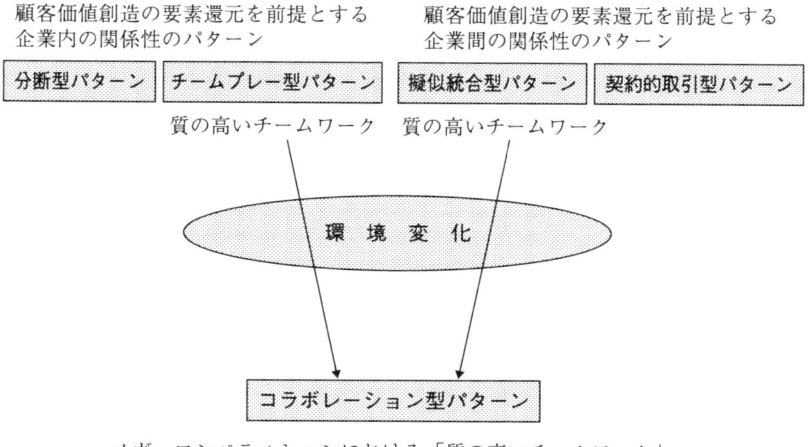

顧客価値創造の要素還元を前提とする　　顧客価値創造の要素還元を前提とする
企業内の関係性のパターン　　　　　　　企業間の関係性のパターン

| 分断型パターン | チームプレー型パターン | 擬似統合型パターン | 契約的取引型パターン |

　　　　　　　質の高いチームワーク　　質の高いチームワーク

環　境　変　化

コラボレーション型パターン

メガ・コンペティションにおける「質の高いチームワーク」
① エンパワーメントされた個人がコラボレートし，コア・コンピタンスを形成する企業
② ①の企業がコラボレートする価値コンステレーション

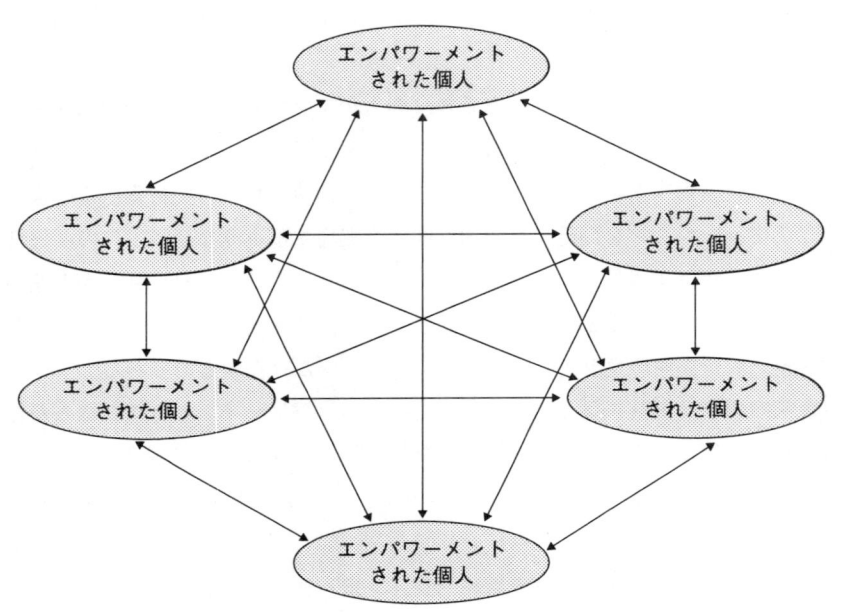

図5－2　企業内のコラボレーション型パターンのイメージ

注）矢印は相互作用の関係を示す。

ション型パターンが,「質の高いチームワーク」として日本企業の競争力の源泉として認識されるのである。

　そして，企業間のコラボレーション型パターンは，コア・コンピタンスを持つ企業の間で財やサービスが取引され，企業間での知識創造が生じるような相互作用の関係であり，全体として顧客価値創造を行い，コラボレーションにコミットする個別企業は企業価値創造を志向するのである。このような企業間のコラボレーション型パターンのイメージは，図5－3のように示される。これは，企業間にまで拡張された「質の高いチームワーク」として認識されるのである。

図5-3　企業間のコラボレーション型パターンのイメージ

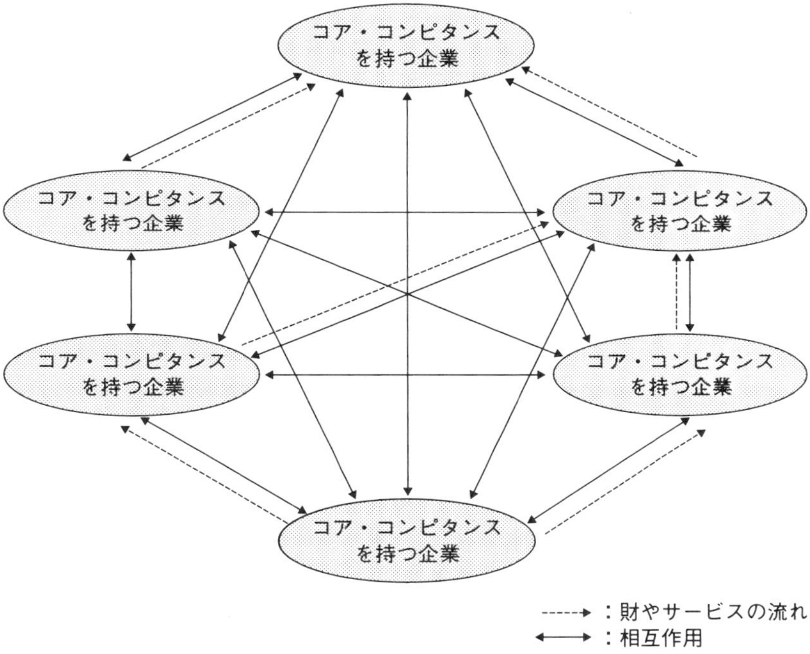

```
              コア・コンピタンス
               を持つ企業
         
  コア・コンピタンス      コア・コンピタンス
   を持つ企業           を持つ企業

  コア・コンピタンス      コア・コンピタンス
   を持つ企業           を持つ企業

              コア・コンピタンス
               を持つ企業
```

----▶：財やサービスの流れ
◀───▶：相互作用

（注）
1) Cooper and Slugmulder ［2000］．引用は邦訳書，41頁。
2) ＭＩＳは経営情報を処理する情報システムであり，1960年代に事務などの業務処理の省力化を図ることを目的として導入された。
3) ＤＳＳは意思決定に有用な経営情報を提供し支援するための情報システムである。意思決定者に情報を提供するだけでなく，予め意思決定プロセスをプログラムしておくことで意思決定者に代わり代替案の評価を行うなどの意思決定を支援することができる。
4) ＳＩＳは Wiseman ［1988］の提唱した情報システムについての独特な新しい概念であり，戦略を実行するために活用される情報システムないしは競争優位の源泉となるような情報システムのことを言う。詳細は Wiseman ［1988］を参照されたい。
5) ＢＰＲはコストや効率性を劇的に改善するためには業務を抜本的に改革することであり，Hammer and Champy ［1993］はこうした改革の基盤的なツールとして情報

システムを活用することの必要性を主張している。
6) ＣＡＬＳは元来米国国防総省の調達に関わる情報システムであり，Computer Aided Logistics Supportと言われていたが，その後の機能拡大に伴い，Continuous Acquision and Logistics Support Continuous, Acquision and Life－cycle Support Logistics Supportと呼称が変わり，民間に転用されCommerce At Light Speedになった。Commerce At Light SpeedとしてのＣＡＬＳは製品設計や流通などの情報を標準化し世界最適調達を可能にするような情報システムを意味している。
7) 例えば，ＪＭＳのインタビューを行ったソニー美濃加茂では，流れ作業の生産方法から，セル生産方式に変更したところ，生産性が改善した。
8) 第2章で取り上げたTaylorの科学的管理法は，このような機械論的な思考に基づく能率管理であり，第3章で取り上げた標準原価計算や予算管理はこのような機械論的な思考に基づく管理会計手法と見ることができる。
9) 彼らは，このようなビジネス・プロセスの抜本的な改革のためのツールとして情報システムを位置づけるのである。
10) 第4章第2節参照。

第6章 コラボレーション型パターンのマネジメント
──エンパワーメントとアライアンス──

　前章で明らかにしたように，グローバル化・情報化に象徴されるような今日の経営環境において競争力のある製品によって顧客価値を創造し企業価値を創造するために，分業を前提とした関係性のパターンはコラボレーション型パターンへ変容していく。このように関係性のパターンが変容すればそれに適合したマネジメントが必要であり，従来の関係性のパターンに適合していたマネジメントはコラボレーション型パターンに適合するように修正が必要になる。本章では，コラボレーション型パターンのマネジメントについて考察を行う。この考察は，コラボレーション型パターンを構築するのに貢献し，コラボレーションを生み出す仕掛けとしての管理会計を考察するためのフレームワークとなる。

第1節 コラボレーション型パターンのマネジメントについての考え方
──日本企業の実態調査をもとに──

　前章の考察で，メガ・コンペティションにおける「質の高いチームワーク」はコラボレーション型パターンであることが明らかにされた。そこで，コラボレーション型パターンのマネジメントを考える糸口として，本節では，日本企

業の経営手法の実態について著者らが1998年に行ったアンケート調査[1]の結果を検討する。

1 調査の概要

アンケート調査は，日本企業の経営の実態を把握することを目的として，1998年1～2月にかけて日本の証券取引所に一部あるいは二部上場の製造企業1,344社を調査対象として行った。調査方法は質問表送付によった。質問内容は，グローバル・マーケット・シェア（分析では，国際競争力の指標として用いる），競争優位要因，競争上重視している業務活動，最重視している原価管理活動，ならびに製品開発・購買・製造・販売・経営システムに関わる47の諸手法および諸活動（以下，諸手法および諸活動は経営手法と総称する。表6－1のアイテムの欄を参照）の実施状況などである。1,344社のうち215社の回答を得た。

2 調査結果とその検討

どのような経営手法が競争力に寄与するかについての傾向を把握することを目的として，シェアを被説明変数，経営手法を説明変数とした数量化理論I類による多変量解析を行った。その結果は，表6－1のとおりである。

数量化理論I類の分析結果で重要なのはカテゴリー・スコアである。カテゴリー・スコアは，それがプラスであれば当該説明変数が被説明変数をその全体平均よりもその値だけ増やし，逆にマイナスのときは当該説明変数が被説明変数をその全体平均よりもその値だけ減らすことを表すものである[2]。したがって，この調査では，「実施している」とカテゴリー・スコアがプラスとなるような経営手法は競争力の維持・向上に寄与し，他方，「実施している」とカテゴリー・スコアがマイナスになるような経営手法は競争力の維持・向上に寄与しない傾向があると解釈できる。

今回の調査で質問した経営手法は，企業内で実施されるものと他企業との間

表6-1 経営手法と競争力との関係

アイテム	カテゴリー	サンプル数	カテゴリー・スコア
ストック・オプション	実施している	9	6.886
社内ベンチャー制	実施している	22	5.088
年俸制	実施している	42	3.807
持ち株会社	実施している	24	3.214
調達先との情報ネットワーク化	実施している	90	1.541
ＣＩＭ	実施している	69	1.525
人材派遣の利用	実施している	124	1.498
組織のフラット化	実施している	99	1.431
契約による業務提携	実施している	92	1.304
インターネットの利用	実施している	123	1.265
他企業と共同開発	実施している	109	1.057
世界最適調達	実施している	81	1.019
ＲＯＥの重視	実施している	93	0.981
デザイン・イン	実施している	94	0.957
イントラネット	実施している	84	0.632
従業員持ち株制	実施している	135	0.574
直販システム	実施している	117	0.484
活動基準原価計算	実施している	66	0.441
販売情報システムの構築	実施している	92	0.418
裁量労働制	実施している	52	0.342
株式の持ち合い	実施している	123	0.291
工程改善	実施している	138	0.207
系列企業からの資材調達	実施している	111	0.181
技術者の在宅勤務	実施している	3	0.024
管理部門の情報化	実施している	128	-0.059
メインバンク	実施している	128	-0.078
年功制・終身雇用制	実施している	134	-0.104

アイテム	カテゴリー	サンプル数	カテゴリー・スコア
JIT生産方式	実施している	67	−0.318
系列以外からの資材調達	実施している	136	−0.343
コンカレント・エンジニアリング	実施している	54	−0.429
OJT	実施している	134	−0.429
自社ブランドの確立	実施している	131	−0.993
系列販売店システム	実施している	94	−1.104
多能工化	実施している	114	−1.159
M&A	実施している	34	−1.293
製造の外部委託	実施している	125	−1.341
リエンジニアリング	実施している	90	−1.381
TQC	実施している	124	−1.404
原価企画	実施している	110	−1.43
CAD	実施している	121	−1.459
JIT納品	実施している	67	−1.613
カンパニー制	実施している	24	−2.282
他企業と共同販売	実施している	58	−2.487
本社機能の縮小	実施している	89	−2.615
海外生産の積極展開	実施している	91	−3.072
開発拠点のグローバル化	実施している	60	−3.422
CALS	実施している	23	−8.324

で実施されるものとに大別できる。そこで，関係性のパターンの視点から，企業内で実施される経営手法でカテゴリー・スコアがプラスになるものとマイナスとなるもの，そして企業との間で実施される経営手法でカテゴリー・スコアがプラスになるものとマイナスとなるものとを比較してみよう。

　企業内で実施される経営手法でカテゴリー・スコアがプラスとなっているものは，「ストック・オプション」，「社内ベンチャー制」，「年俸制」，「組織のフラット化」，「人材派遣の利用」，「組織のフラット化」，「従業員持ち株制」，「裁

量労働制」,「技術者の在宅勤務」などである。他方,「年功制・終身雇用制」,「ＯＪＴ」,「多能工化」などはカテゴリー・スコアがマイナスとなっている経営手法である。「年功制・終身雇用制」,「ＯＪＴ」,「多能工化」のカテゴリー・スコアがマイナスになるのは,分業を前提としたチームプレー型パターンが変容しつつあることの傍証ととらえられる。このような結果は,コラボレーション型パターンのマネジメントという視点からは,権限委譲により組織メンバーのオートノミーを尊重し各メンバーの成果を報酬として配分する,つまりエンパワーメントを促進することが競争力を維持・向上する上で有効であることを示唆するものと思われる。さらに,「イントラネット」,「活動基準原価計算」はコラボレーションを推進する手段と位置づけられると考えられる。このことは,前章で述べた企業内コラボレーションがエンパワーメントされた個人の相互作用によって生じるという主張と概ね整合的であると考えられる。

企業間で実施される経営手法でカテゴリー・スコアがプラスとなっているのは,「持ち株会社」,「調達先との情報ネットワーク化」,「契約による業務提携」,「インターネットの利用」,「他企業と共同開発」,「世界最適調達」,「直販システム」,「販売情報システムの構築」,「系列企業からの資材調達」などである。他方,「系列以外からの資材調達」,「系列販売店システム」,「Ｍ＆Ａ」,「製造の外部委託」,「他企業と共同販売」などは,実施しているとカテゴリー・スコアがマイナスとなる経営手法である。この結果は,日本の製造業は製造をコア・コンピタンスとして位置づける傾向があり,製造という活動を軸に企業間のコラボレーションが生じる傾向があると考えられる。その上で,「直販システム」,「販売情報システムの構築」が競争力に寄与する傾向があり,その反面,「系列販売システム」,「他企業と共同販売」が競争力に寄与しない傾向があることから,顧客価値創造プロセスにおいて顧客との接点を確保し囲い込みを行うことが競争上有利になるものと推察されるのである。以上のような結果は,コラボレーション型パターンはコア・コンピタンスを持つ企業が相互補完しあうような関係であるという主張と概ね整合的であり,さらに,最終消費財を製造する活動を軸にしたアライアンス(alliance)によって川上企業とのコラボレーショ

ン型パターンが構築されていくことを示唆するのである。

　以上のことから，エンパワーメントとアライアンスがコラボレーション型パターンのマネジメントのポイントであると推察できる。

　エンパワーメントとアライアンスがどのようにして顧客価値を創造し，企業価値を高めるのかそのメカニズムについて検討してみよう。表6－2は，競争上重視している活動を示したものである。

表6－2　競争上重視している活動

	製品開発	購買	製造	販売
会社数	156	7	57	50

　注）　重複回答を含む。

　製品開発を最重視する企業が多いという調査結果は，成熟期の段階にあって環境変化が激しいような産業では，現行製品をより低コストで生産・供給できるようなイノベーション（例えば，自動車生産における部品のモジュール化）や，転換期に向けての新製品を開発するというイノベーション（例えば，自動車におけるガソリンエンジンから燃料電池への変更）が競争上のポイントとなるというAbernathy & Utterback［1978］の主張と整合的である。

　イノベーションの成果は製品仕様あるいは生産工程の革新として現れるが，そうしたイノベーションの源泉は創造性であると考えられる。こうした創造性は，伝統的には1つの企業単位で考えられてきた。このような伝統的な考え方に対し，イノベーションの成果の便益を得ているのは当該企業だけではなく，その顧客やサプライヤーもイノベーションの成果の便益を得ており，製品によっては当該企業ではなく顧客や供給業者もイノベーションを起こすイノベータとしての役割を担うと主張されるようになってきた（von Hippel［1988］）。この主張に従えば，イノベーションの源泉となる創造性は，単に当該企業だけではなく，サプライヤーや顧客も含めた価値システムの中に存在していると考えなくてはならない。その意味では，アライアンスは，コラボレーション型パター

ンにおける企業（サプライヤーや川下企業）の創造性を活用しイノベーションを起こすのに寄与すると考えられるのである。

　他方，エンパワーメントは，企業において価値活動にコミットしている組織メンバーの創造性を高める。エンパワーメントによって向上した創造性もまた，製品仕様あるいは生産工程の革新に貢献する。その意味では，価値活動の革新もイノベーションの成果に大きく関与しているのである。

　創造性はイノベーションの源泉であるが，イノベーションは製品革新や製法革新という具体的な結果として表出してくる。言い換えれば，様々な経済主体の創造性の相互作用があり，その相互作用からイノベーションが具体的な結果として表出するのである。今日では，このような様々な経済主体の創造性の相互作用は「組織的知識創造」としてとらえられる。そうした組織的知識創造の結果が製品革新や製法革新というイノベーション（具体的には，競争力のある製品・サービス）として結実し，顧客価値を創造し，最終的には企業価値を創造すると考えられるのである。このことは，図6－1のフレームワークのように示すことができるであろう。コラボレーション型パターンは，こうした様々な経済主体の創造性の相互作用を実現するような関係性のパターンなのである。

図6－1　エンパワーメントおよびアライアンスと顧客価値および企業価値を分析するフレームワーク

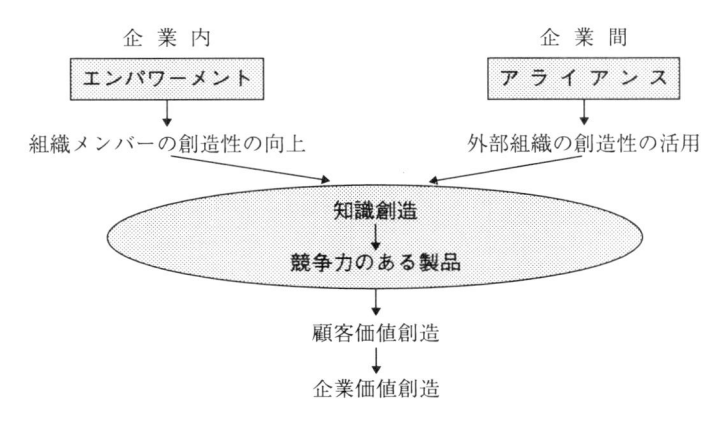

```
   企 業 内                    企 業 間
┌──────────┐              ┌──────────┐
│ エンパワーメント │              │  アライアンス  │
└──────────┘              └──────────┘
 組織メンバーの創造性の向上    外部組織の創造性の活用
              ╲            ╱
           ╭─────────────╮
           │    知識創造     │
           │      ↓        │
           │ 競争力のある製品 │
           ╰─────────────╯
                   ↓
              顧客価値創造
                   ↓
              企業価値創造
```

以上の検討を踏まえて，次節からは，コラボレーション型パターンのマネジメントを考察していく。

第2節　企業内コラボレーション型パターンのマネジメント

1　企業内コラボレーション型パターンのマネジメントの基本的な考え方

　前節での分析を踏まえて，企業内コラボレーション型パターンのマネジメントの基本的な考え方を考察してみよう。

　企業内コラボレーション型パターンのマネジメントという視点からは，権限委譲により組織メンバーのオートノミーを尊重し，その成果を報酬として配分する，つまりエンパワーメントを促進することが有効であることを調査結果は示唆している。このことから，企業内コラボレーション型パターンでは，個人をチームプレー型パターンの一員と位置づけるのではなく，むしろ創造性が豊かな「ナレッジ・ワーカー」と位置づけるようなマネジメントが必要であると考えられる。この点に関して，JMSのインタビューにおける次のようなコメントを参考に検討してみよう。

・　労働力をインプットとして位置づけるならば，（アウトプットとの関係で）終身雇用という制度はありえない。したがって，労働力をインプットとして見るのではなく，個人の能力を重視し，成果主義を導入することも必要であろう。（トヨタ）
・　従業員のロイヤリティの高さは日本的な特質であり，この特質は残さなければならない。（トヨタ）
・　終身雇用制は制度として存続させるが，賃金の上昇と生産性のバランス

第6章 コラボレーション型パターンのマネジメント　117

を考慮しなければならない。(INAX)
- 終身雇用によらない，従業員との一体化が絶対不可欠である。(日本精工)
- トヨタ生産方式の強みは，現場だけでなく，あらゆる人々がものづくりについての見識を持っている点にあると考える。(日本精工)
- 日本型経営は「人」重視の経営であるため，仕事あるいはマネジメントについての「マニュアル化」が中途半端である。(ソニー)
- 「人」がすべてであり，人の育成のためには長期雇用が不可欠である。(デンソー)
- 日本的経営の特質は管理単位を縮小すると同時に，それをコーディネートする全体が存在する点にある。(NEC)
- 若いときに事業をスタートできる環境作りが必要である。(NEC)
- 長期雇用は重要であるが，雇用の流動化は促進される。右肩上がりではない状況での給与体系が必要で，従業員に対する報い方として成果給を実施する。(イビデン)
- 年功制はなくなるだろうが，ロングレンジで雇用を守ることは企業の責任と考えられる。それは仕事の内容を変えないということではなく，人と企業が対等の関係でパートナーシップを結ぶことである。そして，従業員は変化する仕事に対応していくことが求められ，そのために個人の学習が必要となる。(ヤマハ)

　これらのコメントを踏まえると，企業内のコラボレーション型パターンのマネジメントの基本的な考え方として，次の2点をあげることができる。1つは，企業の構成員（従業員やマネージャー）を個人として尊重することである。顧客価値創造プロセスを要素還元するような分業では，従業員を「歯車の歯」としか位置づけないようなマネジメントが行われていた[3]。企業の構成員を「歯車の歯」としてとらえているのでは，企業の構成員の能力を発揮させ個人的知識創造を促進していくことは不可能である。企業内のコラボレーション型パターンのマネジメントでは，「歯車の歯」ではなく，個人として尊重しなければな

らないのである。

　第2に，個人のモチベーションやロイヤリティを高める上で，長期雇用ではなく，仕事についての満足感や仕事の楽しさ（多少飛躍して言えば，知識創造の楽しさ）を提供するような仕事や「場」を提供することである。自分のしていることが楽しい，あるいは有意義であるという認識がなければ，個人のモチベーションやロイヤリティを高められないし，個人的知識創造は生じないであろう。2章および3章で見たように経済的なインセンティブによって仕事を遂行させることは可能であるが，それは必ずしもモチベーションを高めるとは限らないし，個人的知識創造を奨励するものではない。例えば，「トヨタ生産方式の強みは，現場だけでなく，あらゆる人々がものづくりについての見識を持っている点にある」というコメントは，自動車の生産という仕事が大変な仕事であっても，従業員はそこに満足感や充実感，楽しさなどを見出していることを含意すると思われるのである。

　第3は，このような仕事についての満足感あるいは知識創造の楽しさを提供する上で，経営手法の「形」にこだわってはいけないということである。このことに関して，インタビューのコメントを紹介してみよう。例えば，トヨタでは，トヨタ生産方式が手段ではなく目的として位置づけられることを問題視している。トヨタ生産方式の本当の理念は「たゆまぬ改善」であり，基本に立ち返って生産方式を改革していくことが必要だと考えており，マネージャーの役割はこのような改革を引き起こしていくことだととらえられている。また，ＮＥＣでは，ＴＱＣについて，それが完成されたパッケージであるため，これを身につけてしまうと新しいチャレンジをしなくなってしまうという問題が指摘されている。このように，経営手法を自己目的化し「形」にこだわっていくと，従業員が新しいことにチャレンジすることや改革が制限されてしまい，その結果，従業員の創造性を発揮できなくしてしまうおそれがある。

　したがって，企業内のコラボレーション型パターンのマネジメントの基本は，個人を尊重し，仕事についての満足感を感じられるような組織的知識創造の場を提供し，そうした知識創造を顧客価値創造や企業価値創造に統合していくこ

とだと考えられるのである。

2　企業内コラボレーション型パターンのマネジメントとしてのナレッジ・マネジメント

　前述のように，企業内のコラボレーション型パターンのマネジメントの基本は，個人を尊重しエンパワーメントし，仕事についての満足感を感じられるような組織的知識創造の場を提供し，そうした知識創造を顧客価値創造や企業価値創造に結実させていくことだと考えられるのである。それは，企業内コラボレーション型のマネジメントがナレッジ・マネジメントと本質的には共通であることを含意するものであり，企業内コラボレーション型のマネジメントとしてナレッジ・マネジメントが有効に作用すると考えられる。以下，ナレッジ・マネジメントの内容について，野中・竹内［1996］に基づいて簡単に紹介する。

　野中・竹内［1996］は，企業で扱われる知識を形式知（explicit knowledge）と暗黙知（tacit knowledge）という2つのタイプに分類する。そして，「形式知（explicit knowledge）は，言葉や数字で表すことができ，厳密なデータ，科学方程式，明示化された手続き，普遍的原則などの形でたやすく伝達・共有することができる」[4] 知識と定義する。他方，「暗黙知（tacit knowledge）は非常に個人的なもので形式化しにくいので，他人に伝達して共有することは難しい」[5] 知識と定義し，「主観に基づく洞察，直観，勘がこの知識の範疇に含まれる。さらに暗黙知は，個人の行動，経験，理想，価値観，情念などにも深く根ざしている」[6] と説明するのである。

　このような暗黙知と形式知は企業という組織において相互作用を起こす。この相互作用は知識変換と呼ばれ，知識変換には共同化，表出化，連結化，内面化という4つのモードがあるとされる。それぞれの内容を簡単に紹介すると，以下のとおりである。

① 共 同 化
- 経験を共有することによって,メンタル・モデルや技能などの暗黙知を創造するプロセス
- 徒弟制度,ＯＪＴにより共同化が促進される

② 表 出 化
- 暗黙知を明確なコンセプトに表すプロセス
- 知識創造のエッセンス
- 対話(共同思考)によって引き起こされる
- メタファーとアナロジーが効果的である

③ 連 結 化
- コンセプトを組み合わせて１つの知識体系を作り出すプロセス
- 異なった形式知を組み合わせて,新たな形式知を作り出す
- ミドル・マネージャーが企業ビジョン,事業コンセプト,製品コンセプトなどを分析し,具体化する際によく見られる
- 情報技術が連結化を促進する

④ 内 面 化
- 形式知を暗黙知へ体化するプロセス
- 行動による学習が内面化において重要な役割を果たす

上記の４つの知識変換モードを通じて暗黙知と形式知は絶え間なくダイナミックに相互循環し,このプロセスを通じてより高度な知識が組織的に創造される。これが組織的知識創造であり,このプロセスは知識スパイラルと定義される。さらに組織的知識創造という考えから知識創造のパラダイムが展開される。

上記のように組織的知識創造のプロセスを明らかにした後,そのプロセスを実行するためのマネジメントについて説明する。組織的知識創造のプロセスを実行するためのマネジメントをナレッジ・マネジメントと定義し,そのエッセンスは,「クリエイティブな個人を助け,知識創造のためのより良い条件を作

り出すこと」[7]であるとされる。そして，知識創造のためのより良い条件として，具体的に，ミドル・アップダウン・モデル，ハイパーテキスト型組織をあげるのである。

　ミドル・アップダウン・モデルは，「トップ・ダウンとボトムアップという二つの伝統的なモデルのいちばん良いところを統合したもの」[8]であり，ミドル・マネージャーに「トップが持っているビジョンとしての理想と第一線社員が直面することの多い錯綜したビジネスの現実をつなぐ『かけ橋』」[9]としての役割を担わせる。こうしたミドル・アップダウン・モデルは，「知識は，チームやタスクフォースのリーダーを務めることの多いミドル・マネージャーによって，トップと第一線社員（すなわちボトム）を巻き込むスパイラル変換プロセスを通じて創られる」[10]という認識から導き出されている。

　ハイパーテキスト型組織は，ミドル・アップダウン・モデルを機能させる組織構造としてとらえられている。伝統的な組織構造は，官僚制（ビュロクラシー）とタスクフォースを両極の間で揺れ動いてきたが，知識創造という観点からは，両者を相互排他的なものではなく，相互補完的なものとしてとらえることが重要だとされる。それは，「ビュロクラシーは連結化と内面化に効果を発揮し，タスクフォースは共同化と表出化に適している」[11]からである。「言い換えれば，前者は知識の利用と蓄積により適しており，後者は知識の共有と創造に効果的である」[12]ということになる。

　このような考え方に基づくハイパーテキスト型組織は，ビュロクラシーとタスクフォースとの相互補完的な構造を持つ。ビューロクラシーに相当するのが，ビジネス・システム・レイヤーで，タスクフォースに相当するのがプロジェクト・チーム・レイヤーである。そして，ビジネス・システム・レイヤーとプロジェクト・チーム・レイヤーとを結合する形で，知識ベース・レイヤーが構築される。なぜなら，知識ベース・レイヤーにおいて「上の2つのレイヤーで創られた知識が再分類・再構成される」[13]からである。ただし，知識ベース・レイヤーは「現実の組織実体としては存在せず，企業ビジョン，組織文化，あるいは技術の中に含まれている」[14]点に，ビジネス・システム・レイヤーやプロジェ

クト・チーム・レイヤーとの違いがある。

　以上のような野中・竹内［1996］の説明に従うと，ナレッジ・マネジメントは組織的知識創造のための環境を整備することだと理解することができる。そして，それは，仕事についての満足感を感じられるような組織的知識創造の場を提供するという企業内コラボレーション型のマネジメントとして機能すると考えられるのである。しかしながら，組織的知識創造のための環境を整備しても，組織メンバーの行動が伴わなければ組織的知識創造はできない。そこで，組織的知識創造を実現するためには，整備された組織的環境下で知識スパイラルへ組織メンバーをコミットさせる必要がある。言い換えれば，個人を尊重しエンパワーメントし，その上で，知識スパイラルへのコミットメントを引き出すようなメカニズムが必要となるということである。このようなメカニズムの役割をマネジメント・コントロール・システムが果たすことが期待される。第2章で考察したように，マネジメント・コントロールは，組織メンバーの行動に影響を与えて組織目標が達成されるようにするものだからである。

　それでは，知識創造という観点からはどのようなマネジメント・コントロール・システムがデザインされ，運用されるのか検討してみよう。

　組織的知識創造では組織メンバーの創造性が重視される。創造性を尊重すると，組織メンバーの自由裁量を認め，組織メンバーへのエンパワーメントが必要となるであろう。このような状況においては，コントロールと創造性との間にコンフリクトが生じる。しかしながら，このコンフリクトは，第2章で触れたようにコントロールの概念を Diagnostic Control Systems, Belief Systems, Boundary Systems, Interactive Control Systems に拡張することによって解消することができる。

　このように概念が拡張されたコントロール・システムは統合化されて構築・運用されるが，マネジメント・コントロール・システムは企業のフォーマル・システムであるので，組織メンバーの権限と責任の体系すなわち組織構造を無視してデザインすることは不適切である。したがって，ナレッジ・マネジメントが採用するハイパーテキスト型組織に適合するように，マネジメント・コン

第6章 コラボレーション型パターンのマネジメント 123

トロール・システムをデザインしなければならない。このことを検討してみよう。

ハイパーテキスト型組織では，組織メンバーはビジネス・システム・レイヤーかプロジェクト・チーム・レイヤーのいずれかに属して知識創造にコミットすることになる。ビジネス・システム・レイヤーとプロジェクト・チーム・レイヤーでは業務内容が異なるので，扱う知識も異なり，知識創造の手法も異なる。とすると，ビジネス・システム・レイヤーにおけるマネジメント・コントロールとプロジェクト・チーム・レイヤーにおけるマネジメント・コントロールとを別々にデザインするのが適切であろう。そして，それらを統合して，全社的なマネジメント・コントロール・システムをデザインするというアプローチが適当であると考えられる。なぜなら，「組織的知識創造のプロセスは，知識がこのような三つのレイヤーをめぐるダイナミックなサイクル」[15]であるので，コントロール・システムが全社的な観点で整合的でないと，ダイナミックなサイクルに支障をきたすからである。

そこで，まず，レイヤーごとにどのコントロール・システムが適しているかを検討してみよう。ビジネス・システム・レイヤーは基本的にビュロクラティックな性格を持っているので，Diagnostic Control Systems が適切だと考えられる。プロジェクト・チーム・レイヤーはタスクフォース的な性格を持つので，Boundary Systems が適切であろう。知識ベース・レイヤーは具体的な組織構造の実体を持つものではなく，企業ビジョンや組織文化に含まれるものである。したがって，知識ベース・レイヤーは Belief Systems および Interactive Control Systems に相当するものと考えられる。これらの対応関係は次のように示される。

- ビジネス・システム・レイヤー → Diagnostic Control Systems
- プロジェクト・チーム・レイヤー → Boundary Systems
- 知識ベース・レイヤー → Belief Systems, Interactive Control Systems

次に，各レイヤーに対応するコントロール・システムの全社的な統合を考えよう。組織メンバーの活動を組織目標の達成に向けてコーディネートできるのは，目標や Boundary が組織目標と整合的であるときである。したがって，マネジメント・コントロール・システムの統合は，それぞれのコントロール・システムの目標および Boundary が整合的であるように設定することによって可能となる。組織目標は企業文化や理念，競争に関する共通の認識に基づいて決まるので，Diagnostic Control Systems の目標や Boundary Systems の Boundary を企業文化や理念，競争に関する共通の認識に基づいて設定することによって，それぞれの目標や Boundary の間での整合性を保つことができる。このような観点からコントロール・システムは図6－2のように体系化された統合することができる。

以上のようにナレッジ・マネジメントを理解すると，図6－2のようなマネジメント・コントロール・システムを設計・運用することが企業内のコラボレーション型パターンのマネジメントだと考えられるのである。

図6－2　知識創造のマネジメント・コントロールの体系

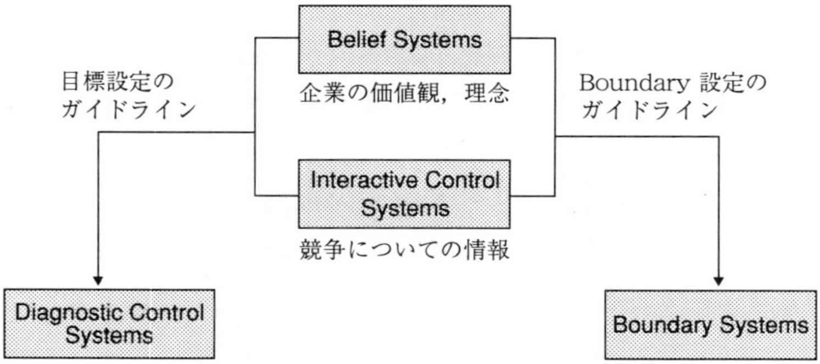

（出所：木村 [2000], 686頁）

第3節　企業間コラボレーション型パターンのマネジメント

1　企業間コラボレーション型パターンのマネジメントの基本的な考え方

　第1節での分析を踏まえて、企業間コラボレーション型パターンのマネジメントの基本的な考え方を検討してみよう。

　企業間コラボレーション型パターンのマネジメントという視点からは、コア・コンピタンスを持つ企業とのアライアンスが有効であることを調査結果は示しており、図6−1のように、アライアンスが企業間の組織的知識創造を引き起こし、その結果、顧客価値創造そして企業価値創造が実現すると考えられる。企業間コラボレーション型パターンは、このような企業間の組織的知識創造を可能にするような企業間の関係性のパターンとしてとらえられる。そして、このような企業間コラボレーション型パターンは、最終消費財を製造する活動を軸にした企業間のアライアンスによって顧客価値創造プロセスを構築することを可能にするのである。

　アライアンスによって顧客価値創造プロセスが構築されるという企業間コラボレーション型パターンは、それぞれ独立した企業が取引において互恵的であるように協力するような関係が認められるという点では、基本的に第4章で述べた擬似統合型パターンと類似性を持つ。しかしながら、次のような3つのことが相違点としてあげられる。

　1つは、擬似統合型パターンが分業を前提とした関係性のパターンであるのに対し、企業間コラボレーション型パターンは、要素分解ではなく結合を前提とした関係性のパターンであるということである。

　第2は、企業間コラボレーション型パターンの本質がコラボレーションによる組織的知識創造にあるということである。擬似統合型パターンのマネジメン

トでは価値システムにおける分業という視点からの効率性が課題となるのに対し，企業間コラボレーション型パターンでは企業間分業の効率性よりも企業間の組織的知識創造をいかにして実現するかが課題となる。

　第3は，擬似的統合型パターンでは価値システムにおける個別企業がそれぞれの業界で競争することを想定するのに対して，企業間コラボレーション型パターンでは，それを構成する企業の連合体としての競争も想定している点である。企業間コラボレーション型パターンが最終消費財を製造する活動を軸にした企業間のアライアンスによって構築されるとすれば，企業間コラボレーション型パターンにコミットする企業のうち最終消費財を生産・供給する企業だけが競争に直面する。しかしながら，最終消費財市場における競合相手も企業間コラボレーション型パターンを構築すると，企業間の競争から，企業間コラボレーション型パターンを形成する企業の連合体（企業間コラボレーション型パターンを形成する企業の連合体を，以下，「価値コンステレーション（Value Constellation）」[16]と呼ぶことにする）の間での競争に変容していくのである。第5章で考察したように，個別企業がメガ・コンペティションに対処していくために企業間コラボレーション型パターンを構築するようになると，価値コンステレーションの間の競争にどのように対処していくかを考えなくてはならない。そのため，企業間コラボレーション型パターンのマネジメントは，擬似統合型パターンのマネジメントに，価値コンステレーションとしてメガ・コンペティションに対処することと，企業間コラボレーション型パターンにおける企業間の組織的知識創造という2つの機能を追加したマネジメントだと考えられるのである。言い換えれば，価値コンステレーションとしてメガ・コンペティションに対処することと，企業間の組織的知識創造という2つの機能が付与された擬似統合型パターンのマネジメントが企業間コラボレーション型パターンのマネジメントであるということである。

2 企業間のコラボレーション型パターンのマネジメント

前述のような企業間のコラボレーション型パターンのマネジメントの考え方に基づいて，その内容を考察していこう。

企業間のコラボレーション型パターンのマネジメントに関して，ＪＭＳのインタビューにおける次のようなコメントを紹介しよう。

- 従来の産業分類ではなく，資源業，マテリアル業，要素業，半製品業，製品業という新しい産業分類の視点に立ち，世界的分業が行われる。(トヨタ)
- 企業間の連携は重要であり，異業種との連携，業界トップ企業同士の連携が大切である。(トヨタ)
- ＩＴは手段であり，ＩＴによって系列・ディーラーとの関係を深めることが重要である。(トヨタ)
- 系列との関係はＩＴの導入とは関係なく変化し，ロー・マテリアルについては世界最適調達を実施する。(トヨタ)
- 調達先のリサーチにＩＴは有用だが，品質に関してはＩＴでは分からないのでＩＴによる情報だけで契約はしない。(トヨタ)
- ＩＴは部品の改善を実行するサプライヤーとの関係強化に用いる。(ソニー)
- ＩＴの情報だけでは部品の品質についての判断ができない。(ソニー)
- 標準化された原材料はオープンなネット調達による世界最適調達を実施する。(ＩＮＡＸ)
- 顧客中心のＳＣＭ(サプライ・チェーン・マネジメント)を実施する。(ＩＮＡＸ)
- トヨタは他社を評価するポイントを熟知しており，ポイントとなる指標を継続して用いて管理を行う。(ＮＥＣ)
- デザイン・インではなく，顧客満足度を高めるカスタマー・インという

考え方を採用する。(イビデン)
- 1社で生き残るのは無理であり，アライアンスが必要である。アライアンスを形成するためにはコア・コンピタンスが必要である。(ヤマハ)
- ITを活用してSCMを推進し，部分最適から全体最適化を図る。(ヤマハ)

　これらのコメントからは，企業間コラボレーション型パターンにおけるアライアンスが2つのタイプに区別される傾向があるように思われる。すなわち，価値コンステレーションにおいて代替が困難であり顧客価値創造を行う上でクリティカルとなるような企業間のアライアンスと，そうでないアライアンスである。前者のアライアンスは価値コンステレーションの根幹に関わるアライアンスという意味において「戦略的アライアンス」と位置づけられ，例として，部品の改善を実行するサプライヤーとの関係強化，系列などがあげられる。他方，戦略的アライアンスとは異なり，後者のアライアンスは，世界最適調達などのように，価値コンステレーションのオペレーショナルな部分に関わるものである。その意味において後者のアライアンスを「オペレーショナル・アライアンス」と位置づけることにする。このことを考慮しながら，企業間コラボレーション型パターンのマネジメントについて検討する。

　価値コンステレーションは，前章で考察したように，経営環境の変化に適応して顧客価値創造プロセスを柔軟に構築できる点において，擬似統合型パターンの企業グループよりも優れている。価値コンステレーションがそのような優位性を維持してメガ・コンペティションに対処していくためには，経営環境の変化に適応して価値コンステレーションに参加する企業が交代することが必要である。このような交代可能な企業とのアライアンスが，オペレーショナル・アライアンスとして認識される。

　このとき，新たに企業間コラボレーション型パターンに参加する企業が，例えば品質管理，納期，コスト管理などについてある一定水準以上の経営ができないと，その企業が提供する製品・サービスの品質が保証されない。そこで，

一定水準以上の経営ができるかどうかを判断しなければならないのである。インタビューでも，ほとんどの経営者が，取引先企業が一定水準以上の経営ができるかどうかを判断するために，実際に取引先企業に赴き経営の実態を自分たちでチェックするとコメントしている。しかしながら，そのような実態調査は時間がかかるため，企業間コラボレーション型パターンにコミットする企業の交代をスムーズかつスピーディーに行うことができない。そこで，経営標準（例えば，ＩＳＯ9000シリーズ，ＱＳ9000など）を活用して，その経営標準の「認証」ないし「資格」の有無によって一定水準以上の経営ができるかどうかを判断し，企業間コラボレーション型パターンにコミットする企業の交代がスムースかつスピーディーに行えるようにするのである。したがって，オペレーショナル・アライアンスについての，企業間コラボレーション型パターンのマネジメントとして，このような経営標準の作成があげられるのである[17]。

　経営標準に引き続き，価値コンステレーションとしての競争力を高めるためには，価値コンステレーションを形成した企業間で組織的知識創造を行うためのマネジメントが必要となる。以下では，企業間コラボレーション型パターンにおける企業間の組織的知識創造のマネジメントについて考察してみよう。

　Dyer [2000] が提示したフレームワークに基づく擬似統合型パターンのマネジメントは，企業間コラボレーション型パターンのマネジメントにも援用することができると考えられる。擬似統合型パターンのマネジメントは，企業間の分業を前提とした「質の高いチームワーク」を維持するような Belief Systems, Interactive Control Systems, Boundary Systems であるので，それらを活用すれば企業間のコラボレーションを促進すると考えられる。そこで，企業間コラボレーション型パターンのマネジメントに適合するような，擬似統合型パターンのマネジメントの修正について検討してみよう。

　擬似統合型パターンのマネジメントの内容は，擬似統合型パターンを構築する企業の間で共通の理念・価値観を構築し Belief Systems を築き，企業間の分業に関して相互の情報を交換する仕組みを Interactive Control Systems として運用し，擬似統合型パターンを損なうような行動を「〜してはいけないこ

と」として各企業が取り決める（すなわち，Boundary Systems の設計・運用）というものである。このような Belief Systems, Interactive Control Systems, Boundary Systems の体系を企業間コラボレーション型パターンに当てはめてみると，企業間コラボレーション型パターンを構築する企業の間で共通の理念・価値観を構築し Belief Systems を築き，企業間のコラボレーションに関して相互の情報を交換する仕組みを Interactive Control Systems として運用し，企業間コラボレーション型パターンを損なうような行動を「～してはいけないこと」として各企業が取り決める（すなわち，Boundary Systems の設計・運用）ということになる。このような企業間コラボレーション型パターンのための Belief Systems, Interactive Control Systems, Boundary Systems の体系は企業間コラボレーション型パターンを維持するように機能しても，企業間の組織的知識創造を促進するとは限らない。そこで，上記のような Belief Systems, Interactive Control Systems, Boundary Systems に組織的知識創造を促進する機能を加えることが有効だと考えられるのである。すなわち，企業間の組織的知識創造のために，Boundary Systems によってコラボレーションや組織的知識創造を損なうような行動を禁止し，それぞれの企業の暗黙知を形式知化する「表出化」や「連結化」を促進するための Interactive Control Systems を設計・運用し，さらに，コラボレーション（あるいは価値コンステレーション）の理念や組織的知識創造の方向性を示す Belief Systems を設計・運用するのである。

　企業間コラボレーション型パターンのマネジメントに適合するように，擬似統合型パターンのマネジメントを修正するためには，上記のことだけなく，マネジメントの公平性（Fairness）が重要である。このことについて検討しておこう。企業間コラボレーション型パターンにおいて，参加企業が組織的知識創造にコミットするとき，個々の企業間の活動の調整が不可避的に生じる。つまり，価値コンステレーションにおける組織メンバー（すなわち，個々の企業）の活動のコーディネーションという問題が生じるのである。価値コンステレーションは伝統的な企業や市場とは異なる組織形態なので，価値コンステレーションを

構成する企業の活動のコーディネーションの仕方も伝統的な企業や市場のそれとは異なる。価値コンステレーションを構成する企業間の関係が完全な競争市場での取引関係ではないので，市場の価格メカニズムだけで活動が調整されることはない。また，完全に内部化された取引でもないので，特定の企業が他の参加企業の行動を強制的にコントロールすることも容易ではない。そこで，価格メカニズムや集権的コントロールのいずれかだけで参加企業の活動の調整を行うことは適切ではなく，双方の調整メカニズムを組み合わせて，互いの短所をカバーし合うことが必要となってくる。先に述べた，企業間コラボレーション型パターンのためのBelief Systems, Interactive Control Systems, Boundary Systemsの体系が，そうしたコーディネーションのツールとして機能することが期待されるのである。ただし，そうしたマネジメント・システムの設計・運用に際しては，公平性が必要である。価値コンステレーションに参加する企業が公平だと納得できるやり方でマネジメント・システムが設計・運用されなければ，どの企業もそのシステムに従って自己の活動を調整しコラボレーションしたりしないであろう。公平性が確保されていないシステムに従って行動すると，自分が不利益を蒙る可能性があるからである。このように，マネジメント・システムは価値コンステレーションに参加する企業にとって公平性があると考えられるようなシステムでなければ機能しないのである。

　以上をまとめると，企業間コラボレーション型パターンのマネジメントは，経営標準を作成し，公平性を重視してコラボレーションによる企業間組織的知識創造のためのBelief Systems, Interactive Control Systems, Boundary Systemsを設計・運用することだと結論付けられるのである。

（注）
1) アンケート調査に関する記述は，牧戸ほか[1999]，牧戸・木村[2002]に基づく。
2) 林[1982]，10－48頁。
3) Johnson & Brömsの表現。
4) 野中・竹内[1996]，8頁。
5) 野中・竹内[1996]，8頁。

6) 野中・竹内 [1996], 8-9頁。
7) 野中・竹内 [1996], 88頁。
8) 野中・竹内 [1996], 238頁。
9) 野中・竹内 [1996], 191頁。
10) 野中・竹内 [1996], 189頁。
11) 野中・竹内 [1996], 245頁。
12) 野中・竹内 [1996], 245頁。
13) 野中・竹内 [1996], 245頁。
14) 野中・竹内 [1996], 245頁。
15) 野中・竹内 [1996], 254頁。
16) Porterの価値システムに対し,企業が同業者,買い手,サプライヤーも巻き込んだ価値創造のシステムは「価値ネットワーク(Value Network)」(Christensen [1997])や「価値コンステレーション(Value Constellation)」(Norman and Ramirez [1993])と呼ばれる。価値ネットワークや価値コンステレーションなどは,本質的には,同じものであると考えられるが,本書では企業間コラボレーション型パターンの内容を表す用語としては Constellation(星座)が相応しいと考えるので,「価値コンステレーション」を用いることにする。
17) 例えば,ビッグ・スリーのサプライヤーになるためにはＱＳ9000シリーズの認証が必要であり,その意味では,ＱＳ9000シリーズはビッグ・スリーにとっての経営標準である。

第7章　企業内のコラボレーション型パターンと管理会計

　企業内コラボレーション型パターンのマネジメントについての前章までの考察を踏まえて，本章では，企業内でのコラボレーションを促進し知識創造を生み出す仕掛けとしての管理会計を明らかにする。

　チームプレー型パターンが環境変化に適応するように，コラボレーション型パターンに変容していくことを第5章で明らかにした。それは，顧客価値創造プロセスを要素分解しそれを合成（Synthesis）することによって企業価値を創造するというパラダイムから，優れた主体のナレッジを統合（Integrate）することによって顧客価値創造プロセスを構築しそれによって企業価値を創造するというパラダイムへのシフトを反映するものである。このようなパラダイム・シフトを踏まえて，企業内のコラボレーション型パターンに適合したマネジメントとしてナレッジ・マネジメントを取り上げ，その内容を第6章で考察したのである。

　以上のことを踏まえると，企業内コラボレーション型パターンに適合しコラボレーションを促進し知識創造を生み出す仕掛けとしての管理会計は，ナレッジ・マネジメントのための管理会計と言えるであろう。コラボレーション型パターンがチームプレー型パターンから進化すると考えると，チームプレー型パターンの管理会計を進化させることによってコラボレーションを促進し知識創造を生み出す仕掛けとしての管理会計が構築されると考えられる。その意味では，参加型予算および原価企画はコラボレーションを促進し，組織的知識創造

を生み出す仕掛けとして機能することが期待されるのである。

その一方で，優れた主体のナレッジを統合することによって顧客価値創造プロセスを構築しそれによって企業価値を創造するというパラダイムに依拠した，従来とは異なる管理会計手法も考えられる。Johnson and Kaplan [1987] のRelevance Lost 以後に登場した管理会計手法は，そのような管理会計と位置づけることもできる。それらのうち，ＡＢＣやＢＳＣなどもコラボレーションを促進し組織的知識創造を生み出す仕掛けとして機能することが期待されるのである。

本章では，コラボレーションによる組織的知識創造のための管理会計としてそれらの管理会計手法を位置づけ，その内容を考察することにする。

第1節 組織メンバーを組織的知識創造にコミットさせる仕掛けとしての管理会計

1 エンパワーメントとアカウンタビリティ

企業内コラボレーション型パターンにおいて組織的知識創造が行われる前提は，組織メンバーへのエンパワーメントであるので，最初にエンパワーメントと管理会計について考察しよう。

エンパワーメントに管理会計がどのように関わるかについての研究として，Johnson [1992], Schuster,et.al. [1993], 谷 [1998], 山本 [1998], 伊藤 [1998] などがあげられる。そうした研究の論点は，エンパワーメントに管理会計がどのように関わるかについて管理会計情報を共有すべきかどうかという点に集約されうると考えられる。言い換えれば，情報の共有はエンパワーメントにとって不可欠であるが，そうした情報に管理会計情報を含めるかどうかという議論ということである。

Johnson [1992] は現場のエンパワーメントに必ずしも会計情報の共有は有

用ではないと述べている。その理由として，現場に会計情報を与えると会計上の業績を良くするために，本来行うべき行動をとらずに長期的な企業の存続を危うくすることを指摘している。

他方，Schuster, et. al. [1993]，Case [1995]，伊藤 [1998] らは管理会計情報の共有がエンパワーメントにとって有用であると述べている。特に，伊藤 [1998] は Johnson [1992] の上記のような主張に対し，Johnson がＱＣサークルやＪＩＴにエンパワーメントをオーバーラップさせていることに関連して「当該経営実践が示唆するエンパワーメントの意味は，ローワー・マネージャーや第一線従業員に自ら考え行動する自由と権限を付与すると同時に，経営に参画する一員として，みずからが下した意思決定の結果にも責任をもたせる」[1]ことだと指摘し，その意味においてエンパワーメントはコスト意識や利益意識の共有を伴うものだと論じている。

顧客価値創造プロセスの要素分解を前提としている場合には，Johnson [1992] の主張は合理性があると考えられる。なぜなら，会計情報の共有を，本来の意図したエンパワーメントとしてではなく，Diagnostic Control Systems として組織メンバーがとらえてしまうおそれがあり，その場合には，第３章で見たように，チームプレー型パターンがくずれてしまうからである。

しかしながら，優れた主体による組織的知識創造に基づく顧客価値創造プロセスの要素統合を前提とする場合には，会計情報の共有は不可欠であると考えられる。なぜなら，コストや利益についての情報が得られないとエンパワーメントされた組織メンバーは顧客価値創造プロセスを適切に構築できないからである。言い換えれば，組織的知識創造に基づく顧客価値創造プロセスを可能にするコラボレーション型パターンにおけるエンパワーメントのためには，会計情報の共有が不可欠だということである。

さて，一般に，権限には責任が伴うものである。企業内コラボレーション型パターンにおいても，エンパワーメントには責任が伴う。このことは，見方を変えれば，責任を伴わないエンパワーメントは本当の意味でのエンパワーメントではなく，組織メンバーを組織的知識創造にコミットさせるようなエンパ

ワーメントには責任が付帯することを含意するのである。

　Klatt, et. al. [1998] は，エンパワーメントに付帯する責任をアカウンタビリティ (Accountability) としてとらえ，Accountability Agreement という考え方を示している。彼らは，行為の結果に無関心な従業員をエンパワーメントすることはできないと指摘し，エンパワーメントの対の概念としてアカウンタビリティを取り上げる[2]。そして，エンパワーメントされた従業員のアカウンタビリティの内容は，結果についての説明責任と行為についての説明責任であると指摘するのである。そうした議論を踏まえて，Accountability Agreement という考え方を提示するのである。Klatt, et. al [1998] は Accountability Agreement をエンパワーメントされた従業員の組織目標の達成へのコミットメントについての同意と定義する。そして，Accountability Agreement には，従業員間の相互作用や，個々の活動へのコミットメントの全体への影響を明確にするというマネジメント上の効果があると指摘している。

　上記のような Accountability Agreement は，企業内コラボレーション型パターンにおいて有効だと考えられる。組織メンバーが組織的知識創造に基づく顧客価値創造を行うためには，それぞれの役割を認識することと，その役割を遂行することが必要である。企業内コラボレーション型パターンにおいて，エンパワーメントがその役割を遂行させる原動力となるとすれば，Accountability Agreement はその役割を認識させるツールと位置づけられる。その意味において，エンパワーメントに伴う責任であるアカウンタビリティを果たすツールとして Accountability Agreement は企業内コラボレーション型パターンに有用だと考えられるのである。

　上記のように，企業内コラボレーション型パターンにおいて管理会計情報の共有がエンパワーメント上必要となるが，エンパワーメントと管理会計について考察する別の視点として，情報共有の手段としての管理会計の役割を考えるという視点がある。つまり，管理会計情報も含む情報を組織メンバー間で共有するツールないしは仕掛けとしての管理会計を設計・運用するという考え方である。このような情報共有のシステムとしてデザインされた管理会計は，企業

内コラボレーション型パターンにおいて，コラボレーションによる組織的知識創造のマネジメント・コントロール・システムとして機能することが期待されるのである。このことを，次項において考察してこう。

2 組織的知識創造のマネジメント・コントロール・システムとしての管理会計

管理会計がマネジメント・コントロールとしての機能を有することはすでに見てきたとおりである。そこで，管理会計は図6－2のような統合的マネジメント・コントロール・システムの補完システムとして組織的知識創造に貢献することが考えられる。以下で，その内容について考えていく。

第3章で考察したように，管理会計は基本的には Diagnostic Control Systems と補完性の非常に高いシステムである。なぜなら，管理会計の原点が計数管理であり，目標を設定し実績を測定し，その業績に報酬をリンクさせることによって従業員のコミットメントを引き出すことが可能になるからである。

他方，Boundary Systems は Diagnostic Control Systems とは反対のマネジメント・コントロール・システムである。その意味では，管理会計は Boundary Systems とは補完性が高くなく，管理会計の諸手法がなくても Boundary Systems は運用できるであろう。しかしながら，Boundary を計数で示す場合，特に貨幣数値で示そうとする場合，その Boundary を導出するプロセスで管理会計システム（例えば，予算，原価計算など）が必要となる。ただし，第3章で考察したように，そうした管理会計が Diagnostic Control Systems として作用するのを防ぐことは必要である。

これらの2つのコントロール・システムは，Belief Systems および Interactive Control Systems を通して結合されて，統合的マネジメント・コントロール・システムを構築する。このとき，Belief Systems および Interactive Control Systems が目標設定や Boundary 設定のガイドラインとなるが，目標や Boundary を貨幣数値で設定する場合には，そのガイドラインにおいて管理

会計システムが欠かせないのである。

　管理会計システムが統合的マネジメント・コントロール・システムにとって不可欠なシステムであるという点をもう少し掘り下げてみると，管理会計システムはマネジメント・コントロール・システムの統合において，重要な役割を果たすと考えられる。先ほどの4つのコントロール・システムは，企業文化・価値や理念という抽象的な概念をより具体的な目標や Boundary に変換することによって統合されていく。この変換の過程では，企業文化・価値という抽象的な概念と具体的な目標や Boundary との整合性が必要となるが，企業内において多様な目標や Boundary に関する統一的な尺度はマネタリー・タームしかないであろう。したがって，マネタリー・タームで企業文化・価値という抽象的な概念をより具体的な目標や Boundary に整合的に展開していくという点に管理会計システムの重要性があると考えられる。

　さらに，組織的知識創造は究極的には企業価値を生み出すことに結び付いていなければならない。組織的知識創造が顧客価値を生み出さないのであればメガ・コンペティションに対処できないし，そのような組織的知識創造は企業価値創造には貢献しないので企業にとっては意味のないものになってしまう。そこで，組織メンバーを組織的知識創造にコミットさせるときには，経済的価値という視点を持たせなければならなくなる。経済的価値はマネタリー・ターム以外で測定・表示することはできず，組織メンバーに経済的価値という視点を持たせる点にも管理会計システムの重要性が見出されよう。

　そうした組織的知識創造のマネジメント・コントロール・システムとしての管理会計の具体的な手法として，Open Book Management, Balanced Scorecard があげられる。以下，それぞれについて内容を検討していこう。

(1) Open Book Management

　Open Book Management（オープン・ブック・マネジメント，以下，ＯＢＭと略称する）は，字義的には帳簿（Book）公開によるマネジメントであり，月・週・日の最新情報を伝えられるように恒常的に財務データを公開しておくことであ

る。以下，Case [1995] に基づいてOBMの内容を簡単に説明し，組織的知識創造のマネジメント・コントロール・システムにおけるOBMの役割を考察してみよう。

Case [1995] は，会計情報の共有によって，「会社のためによい仕事をしたいと思っている従業員が，古いデータや限られたデータでがまんさせられることはなくなるし，経営者も各部署の実績を四半期ごとの報告書が届くまで待つ必要もなくなる」[3]と説明している。その上で，「従業員に予算と収入状況，現金の流れ，そしてバランスシートを公開し，その意味を理解させること」[4]によって，「従業員を雇われ者の『従業員』から会社全体のことを考える『ビジネスプロフェッショナル』に変える」[5]ことができると説明するのである。その上で帳簿公開の本質はエンパワーメントであるという理解に基づき，OBMを「会社が利益をあげることに全従業員を集中させる経営手法である」[6]と定義するのである。

Case [1995] は，会計情報の公開の方法について，定期的に手紙を送る，財務研修を行う，などのいくつかの事例を紹介している。現在では，組織メンバーが自由に管理会計情報にアクセスすることができるという点において，会計情報の公開にとってITの活用は有効であろう。

さて，こうしたOBMが組織メンバーに与える影響として，Case [1995] は，次の3点を指摘している[7]。

① マネージャーが経営指標数値を把握するようになる
② マネージャーが各経営指標の意味を理解するようになる
③ 経営システムにダイナミズムを持ち込む

そして，OBMを実施している企業は，そうでない企業と比較して，次のような特徴を持つと論じている[8]。

① OBM企業の従業員はだれでも，会社の財務指標をはじめとした会社業

績に関わるすべての数値をいつでも見ることができ，しかもそれらの意味を理解する知識を修得している
②　ＯＢＭ企業の従業員はだれでも，どのような業務についていようと，自分の仕事が経営業績の改善につながっていると考えている
③　ＯＢＭ企業の従業員はだれでも，会社の業績を自分の問題として受け止めている

　このようなＯＢＭは，組織メンバーを「歯車の歯」ではなく「エンパワーメントされた個人」に変えるという点で，企業内コラボレーション型パターンにおける組織的知識創造の前提条件を整備するものとして位置づけられる。前章で明らかにしたように，企業内コラボレーション型パターンにおける組織的知識創造の前提は，組織メンバーのエンパワーメントである。そのようなエンパワーメントがＯＢＭによって実現されるので，ＯＢＭは組織的知識創造の出発点として考えられるのである。
　その上で，ＯＢＭは組織的知識創造のマネジメント・コントロール・システムにおいて Interactive Control Systems としての役割を果たすことが期待される。会計情報は顧客価値創造 および 企業価値創造の指標であるため，会計情報の共有によってメガ・コンペティションや企業戦略・事業戦略についての状況を組織メンバーに知らしめることができる。このことから，ＯＢＭが Interactive Control Systems としての機能を有していると考えられるのである。
　また，ＯＢＭには組織的知識創造を経済的視点から考えさせる効果もあり，そのような面で，組織的知識創造のマネジメント・コントロールとしての貢献も考えられる。
　なお，会計情報の伝達の方法によっては，次節で紹介する Accounting Talk のように組織的知識創造の仕掛けとして作用する可能性を秘めていると考えられる。

第7章　企業内のコラボレーション型パターンと管理会計　141

(2) Balanced Scorecard

　Balanced Scorecard（バランスト・スコアカード，以下，ＢＳＣと略す）は，Kaplan and Norton によって紹介された管理会計手法である。以下，Kaplan and Norton [1992, 1996a，1996b，1996c，2000]に基づいてＢＳＣの内容を簡単に説明し，組織的知識創造のマネジメント・コントロール・システムにおけるＢＳＣの役割を考察してみよう。

　ＢＳＣの基本的なアイディアは，財務数値に過度に依存した業績評価が企業の長期的な競争力や企業価値を損なうという認識に基づいて，非財務数値によ

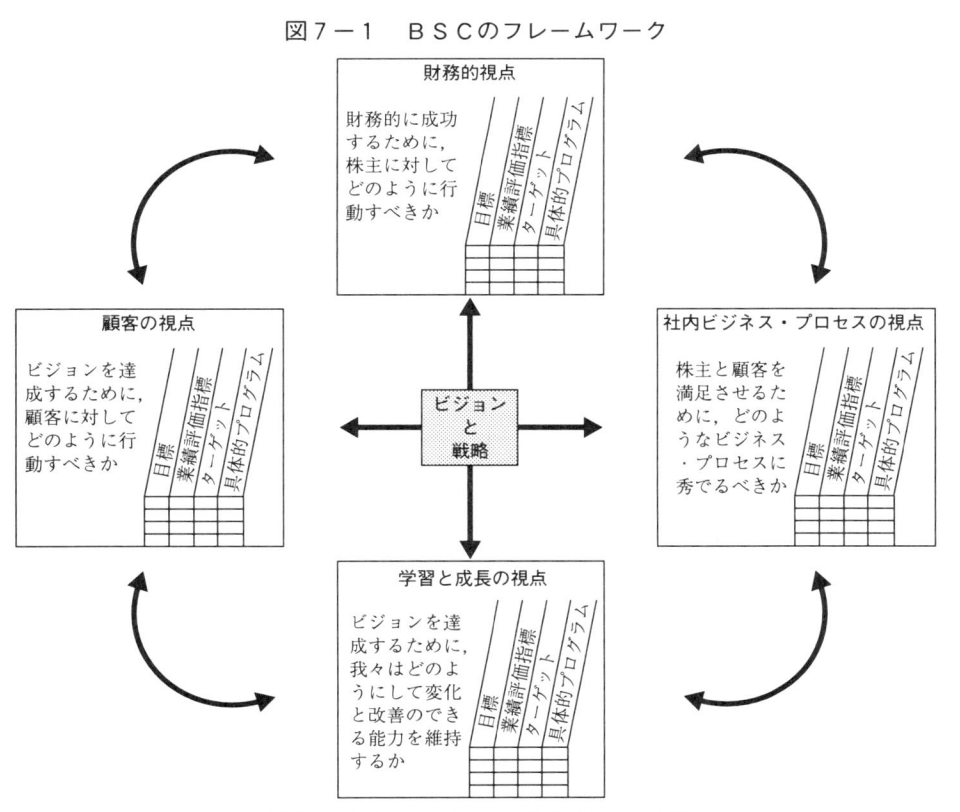

図7－1　ＢＳＣのフレームワーク

（財務的視点：財務的に成功するために，株主に対してどのように行動すべきか／目標・業績評価指標・ターゲット・具体的プログラム）

（顧客の視点：ビジョンを達成するために，顧客に対してどのように行動すべきか／目標・業績評価指標・ターゲット・具体的プログラム）

（社内ビジネス・プロセスの視点：株主と顧客を満足させるために，どのようなビジネス・プロセスに秀でるべきか／目標・業績評価指標・ターゲット・具体的プログラム）

（学習と成長の視点：ビジョンを達成するために，我々はどのようにして変化と改善のできる能力を維持するか／目標・業績評価指標・ターゲット・具体的プログラム）

中央：ビジョンと戦略

（出所：Kaplan and Nortor [1996a], p. 76）

る業績評価も行うべきだというものである (Kaplan and Norton [1992])。Kaplan and Norton はそのようなアイディアを具体化するために財務的数値と非財務的数値を「バランスよく」取り入れた業績評価システムを開発し，それに"Balanced Scorecard"という名称を与えたのである。そのフレームワークは，図7-1のように示される。

図7-1で示されるそれぞれの視点ごとに，業績の測定項目をあげている。顧客の視点については，市場占有率と勘定口座の占有率，顧客定着率，新規顧客獲得率，顧客満足度，顧客の利益性の5つをあげ，その関係を図7-2のように示している[9]。

図7-2　顧客の視点に関する主要業績評価項目

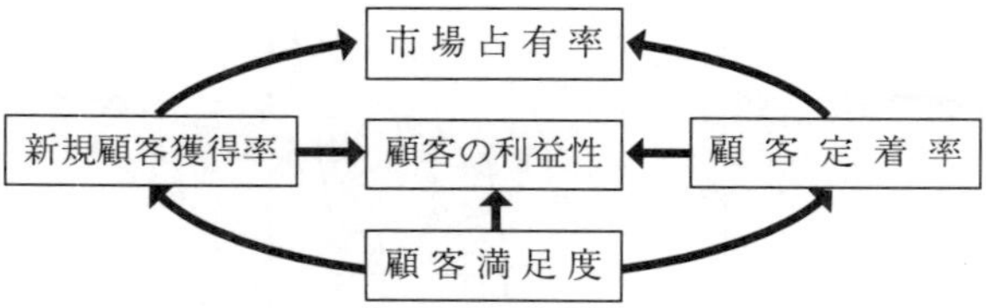

(出所：Kaplan and Norton [1996b], 邦訳書, 101頁)

成長と学習の視点では，従業員満足度，従業員定着率，従業員の生産性を業績評価の対象としてあげている。

内部プロセスに関しては，製品開発とオペレーションとに区分して，それぞれの業績評価指標について企業の事例を紹介している。製品開発では，新製品売上高の割合，主力製品売上高の割合，自社の投入新製品件数 vs 競合他社の投入新製品件数－さらに投入新製品件数 vs 計画新製品件数，生産プロセスの能力，次世代製品の開発に要する時間などが紹介されている。オペレーションについては，プロセスにおける失敗率，歩留率，無駄，スクラップ量，再加工量，返品率，統計的管理図のコントロール範囲を外れたプロセスの割合などを紹介している。

財務の視点については，表7-1のような業績評価項目をあげている。

表7-1 財務の視点に関する業績評価項目

		戦略的財務テーマ		
		収益の成長と製品やサービスのミックス	原価低減および生産性の向上	資産の有効活用および投資戦略
ビジネスユニットの戦略	成長期	セグメントの売上成長率，新製品・サービス・顧客別収益率	従業員1人あたりの収益	投資額（対売上比率）R＆D額（対売上比率）
	持続期	ターゲットとする顧客と口座のシェア，多方面への販売，新規用途の収益率，顧客と製品系列の利益率	自社対競合他社のコスト，原価低減率，売上高に対する間接比率	運転資本率（キャッシュのサイクル），需要資産の総資本利益率，資産活用
	収穫期	顧客と製品系列の利益率，利益性のない顧客の割合	単位あたりコスト（1生産量あるいは1取引ごと）	回収期間，スループット期間

（出所：Kaplan and Norton［1996b］，邦訳書，81頁）

財務的数値と非財務的数値を「バランスよく」取り入れた業績評価システムであるBSCは，マネジメントのツールとしても機能することが期待される。BSCのマネジメント機能について，Kaplan and Norton は，次の4点を指摘する[10]。

① ビジョンと戦略を明確にし，分かりやすい言葉に置き換える
② 戦略的目標と業績評価指標をリンクし周知徹底させる
③ 計画，目標設定，戦略プログラムの整合性を保つ
④ 戦略的フィードバックと学習を促進する

そして，以上の4点について，図7-3のようなフレームワークを提示するのである。

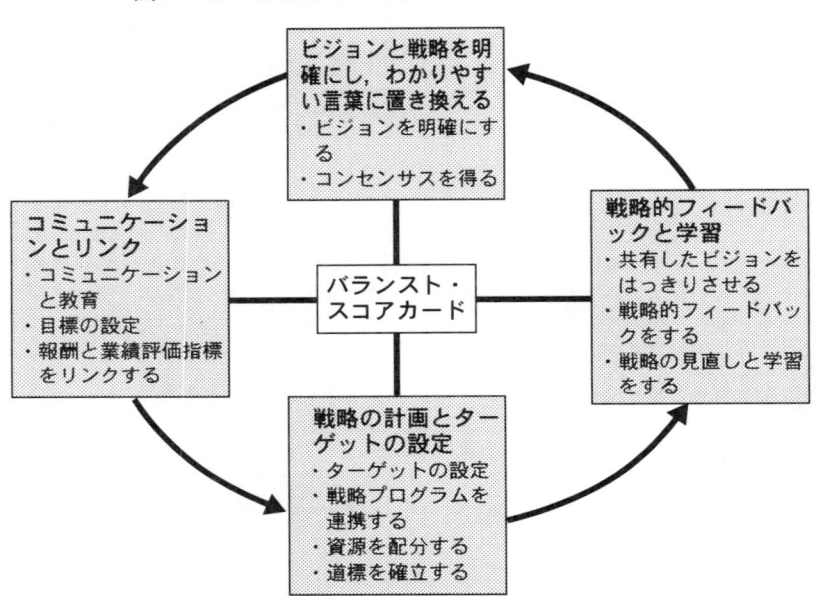

図7－3　BSCのマネジメント・フレームワーク

```
                ┌─────────────────┐
                │ビジョンと戦略を明│
                │確にし，わかりやす│
                │い言葉に置き換える│
                │・ビジョンを明確にす│
                │　る              │
                │・コンセンサスを得る│
                └─────────────────┘
┌──────────────┐                    ┌──────────────┐
│コミュニケーショ│                    │戦略的フィードバ│
│ンとリンク    │   ┌──────────┐    │ックと学習    │
│・コミュニケーション│  │バランスト・│    │・共有したビジョンを│
│　と教育      │   │スコアカード│    │　はっきりさせる│
│・目標の設定   │   └──────────┘    │・戦略的フィードバッ│
│・報酬と業績評価指標│                │　クをする    │
│　をリンクする │                    │・戦略の見直しと学習│
│              │                    │　をする      │
└──────────────┘                    └──────────────┘
                ┌─────────────────┐
                │戦略の計画とター │
                │ゲットの設定     │
                │・ターゲットの設定│
                │・戦略プログラムを│
                │　連携する       │
                │・資源を配分する │
                │・道標を確立する │
                └─────────────────┘
```

（出所：Kaplan and Norton [1996a], p. 77.）

　Kaplan and Norton は，図7－3で示されるようなBSCのマネジメントとしての有用性は，BSCの測定フレームワークを利用して新しい戦略的方向に向けて長期的な組織変革をもたらすことにあると主張し，BSCを基本的には戦略の実行を支援するシステムとして位置づけるのである。現実の企業は，戦略的な計画に関する手法・部署と，資源配分や予算編成という業務の遂行に関する手法・部署を持っている。そこで，彼らはBSCに戦略的意図と実際の業務活動とのリンケージを図ろうとし，BSCと予算を結合したマネジメントの体系を提示する。それは，図7－4のように示される。

第7章 企業内のコラボレーション型パターンと管理会計　145

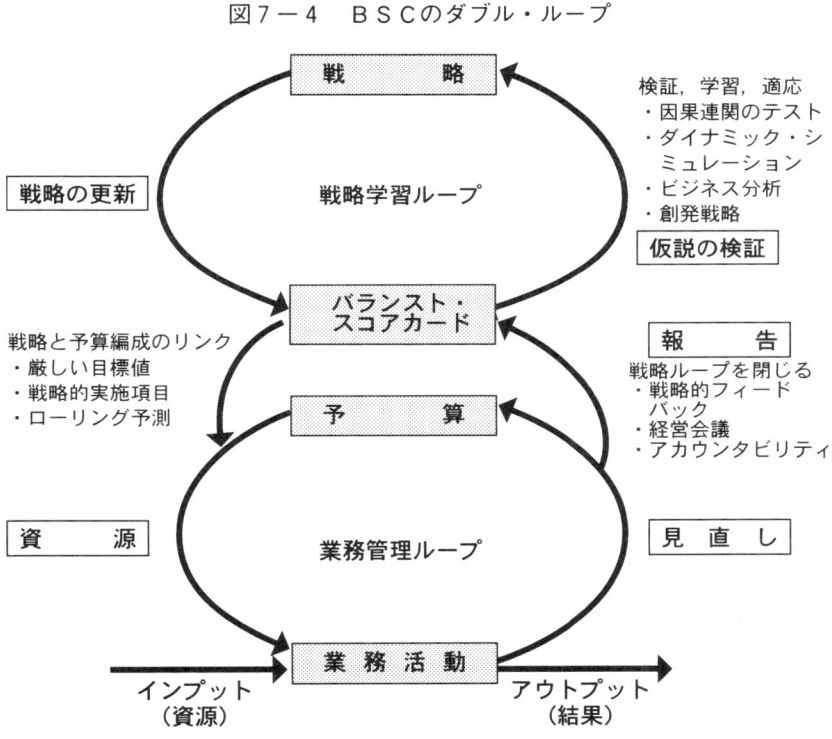

図7－4　BSCのダブル・ループ

```
                          戦　略
                    ┌──────────┐
                    │          │  検証,学習,適応
                    │ 戦略学習  │  ・因果連関のテスト
    戦略の更新      │ ループ    │  ・ダイナミック・シ
                    │          │    ミュレーション
                    │          │  ・ビジネス分析
                    │          │  ・創発戦略
                    └──────────┘
                                  仮説の検証
              バランスト・
              スコアカード
                                   報　告
  戦略と予算編成のリンク           戦略ループを閉じる
  ・厳しい目標値     予　算        ・戦略的フィード
  ・戦略的実施項目                   バック
  ・ローリング予測                 ・経営会議
                                   ・アカウンタビリティ
                    ┌──────────┐
     資　源         │ 業務管理  │   見直し
                    │ ループ    │
                    └──────────┘
                     業務活動
        インプット            アウトプット
         (資源)                  (結果)
```

（出所：Kaplan and Norton［2000］,邦訳書,348頁）

　上記のようなBSCには，企業内コラボレーション型パターンにおける組織的知識創造のマネジメント・コントロールとして機能することが期待できる。このことを以下で考察していこう。

　BSCは業績測定システムとしての機能を有しているが，測定対象となる項目はビジョンと戦略に基づいて決められる（図7－1参照）。何を測定するかということを示すことによって，その測定項目がエンパワーメントされた従業員に対して顧客価値創造および企業価値創造にとって重要な要因であることを認識させることができる。そのため，エンパワーメントされた組織メンバーを組織的知識創造にコミットさせる際に，BSCはInteractive Control Systems

として作用することが期待されるのである。

　また，図7－2で示されるBSCのマネジメント・フレームワークのように，BSCを媒介として，企業のビジョンを組織メンバーに説明しコンセンサスを得ることができる。この機能は，Belief Systems としてとらえられるであろう。BSCでは財務の視点を取り上げており，このことは，エンパワーメントされた組織メンバーに対して，組織的知識創造において財務的な側面に注意を喚起するのに役立つ。組織的知識創造は，基本的には，顧客価値創造そして企業価値創造をもたらすものでなければならない。エンパワーメントされた組織メンバーが自律的にコラボレーションして組織的知識創造を行っても，その成果が顧客価値創造そして企業価値創造をもたらすものでなければ，企業にとってはそのような組織的知識創造は意味がないのである。そこで，エンパワーメントされた組織メンバーが自律的にコラボレーションして組織的知識創造を行う際には，その成果について経済的な意義があるかどうかという意識を持たせることが必要であり，BSCはそのために有用だと考えられるのである。さらに言えば，BSCは経済活動の因果関係を説明する（図7－5参照）ので，組織メンバーの自律的なコラボレーションによる組織的知識創造がどのように顧客価値

図7－5　BSCが示す因果関係のパターン

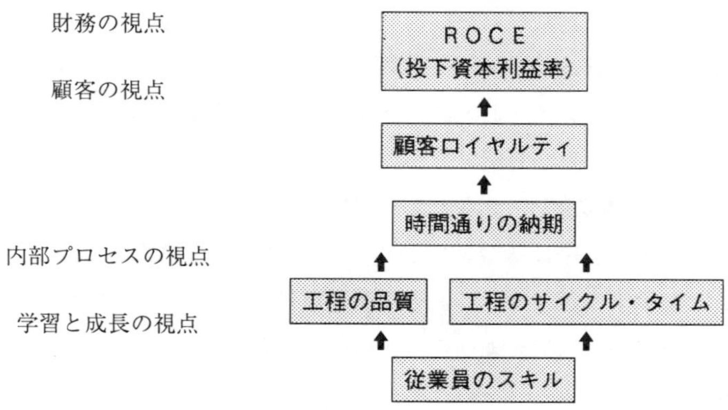

財務の視点　　　　　　　ROCE
　　　　　　　　　　（投下資本利益率）
顧客の視点　　　　　　　　↑
　　　　　　　　　　顧客ロイヤルティ
　　　　　　　　　　　　　↑
　　　　　　　　　　時間通りの納期
内部プロセスの視点　　↑　　　　↑
　　　　　　　　工程の品質　工程のサイクル・タイム
学習と成長の視点　　↑　　　　↑
　　　　　　　　　　従業員のスキル

（出所：Kaplan and Norton [1996c], p. 66.）

創造そして企業価値創造をもたらすかを示すロードマップのような役割を果たすことも期待されるのである。

ただし，BSCを企業内コラボレーション型パターンにおける組織的知識創造のマネジメント・コントロールとして運用していくときには，BSCによって測定される業績と組織メンバーの報酬とのリンケージに配慮が必要である。BSCによって測定される業績と報酬が連動していると，BSCはインセンティブ・システムとして機能するようになり，その結果，BSCは Interactive Control Systems や Belief Systems としてではなく Diagnostic Control Systems として作用するようになるからである。実際，Kaplan and Norton [2000] も，「BSCの実行に失敗した例のいくつかは，それを Diagnostic としてのみ利用し，Interactive systems からの学習とイノベーションのベネフィットを得られなかったために生じている」[11]と言及している。特に，図7-4で示されるダブル・ループ・プロセスにおいてBSCが結合している予算がインセンティブ型予算である場合には，BSCは Diagnostic Control Systems として強く作用し，企業内コラボレーション型パターンを崩壊してしまうおそれがある。

また，Meyer [2002] も，BSCのように複数の測定項目を用いていても，ある1つの測定項目が報酬と連動している場合にはその項目の達成が最重視されてしまい，結局，企業の競争力や企業価値が損なわれてしまうということ指摘している。

第2節　組織メンバーが組織的知識創造を行う仕掛けとしての管理会計

前節では，組織メンバーを組織的知識創造にコミットさせる仕掛けとしての管理会計のあり方および手法を考察した。その一方で，管理会計が知識スパイラルにおける共同化・表出化・連結化・内面化の役割を果たすということも考

えられる。すなわち，組織メンバーが組織的知識創造を行う手段としての管理会計である。Accounting Talk，ＡＢＣ，原価企画には，組織メンバーが組織的知識創造を行う仕掛けという機能が存在していると考えられる。

1 Accounting Talk

ＯＢＭは会計情報の共有によってエンパワーメントを促進し，組織的知識創造のマネジメント・コントロールとして機能することを考察してきた。そこでも考察したように，会計情報は多様な方法で伝達される。Ahren [1997] は，このような会計情報の伝達に関して，「会話」に注目し，会計情報が対話によって伝達されるとき，その対話に参加する人々の間では，単に会計情報がやり取りされるだけではなく，その会計情報の解釈やインプリケーションをめぐって各自の知識をも交換することになることをケース・スタディによって説明している。そして，このような対話を伴う会計情報の伝達をAccounting Talk（あるいは Talking Accounting）と定義し，組織メンバー間での知識の創造・共有を促すと主張している。

このような Accounting talk は，対話によって個人の持つ知識（暗黙知）を「表出化」する作用があると考えられ，その意味では，組織的知識創造の仕掛けとして位置づけられる。

2 ＡＢＣ

活動基準原価計算（Activity based Costing, 以下，ＡＢＣと略す）は，Johnson and Kaplan [1987] が指摘した，製造間接費の配賦問題を含む伝統的な原価計算システムの欠陥を克服する原価計算方法として Cooper and Kaplan [1987] が提示したものである。彼らによると，ＡＢＣの基本的思考は，「企業の活動のすべては，現在の財・サービスの生産・供給のために存在する。したがって，それらはすべて製品原価として考えなければならないのである。そして，工場

第7章　企業内のコラボレーション型パターンと管理会計　149

および本社の支援業務にかかわるコストのほとんどすべては分割あるいは区分可能なので,個々の製品あるいは種類別に分解して跡付けることができる」[12]というものである。このような考え方に基づいて,製造間接費を製造間接費勘定に集計しそれを直接作業時間のような1つの配賦基準で製品に配賦するのではなく,製造間接費あるいは経営資源を消費量に応じて活動に集計し,その活動から製品に付加するという計算を行うのである。その計算構造は,図7－6のように示すことができる。

図7－6で示される計算構造はＡＢＣに限らず原価計算全般に当てはまることを廣本［2001］は指摘し,図7－7のようなＡＢＣの特徴を明確にした計算

図7－6　ＡＢＣの計算構造

経　営　資　源
　　↓　コスト・ドライバー
活動(Activity)
　　↓　コスト・ドライバー
製　　　　　品

図7－7　廣本［2001］によるＡＢＣの計算構造

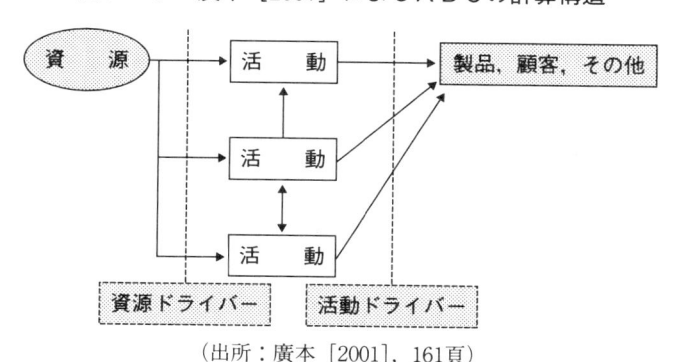

（出所：廣本［2001］,161頁）

構造を提示するのである。

　このようなＡＢＣについて，Cooper and Kaplan[1987]は，製品の収益性を正確に測定できるようになり適切な価格設定が可能になるという競争上の戦略的意義を主張するのである。そして，いろいろな企業が製造間接費についてのコスト・マネジメントのツールとしてＡＢＣを導入するようになったのである。

　その一方で，Cooper and Kaplan [1987] は，ＡＢＣが提供する情報は共通部品をより多く利用するような製品の再設計を促進するというマネジメント上の意義についても言及している。このことは，ＡＢＣが，情報の共有という組織的知識創造の仕掛けとして機能する可能性を示唆するものである。実際，ＡＢＣを導入した企業においては，ＡＢＣが組織的知識創造を促進することが確認されている。

　Birkett [1995] は，そのような例として，オーストラリアの食品メーカーを取り上げている。その会社では，1991年に工場の製造間接費分析をフォローアップし，ＴＱＭを補完するプロジェクトとしてＡＢＣを導入した。原価計算的な視点からは，企業内の活動とコストとの関係について知識が得られたことがＡＢＣの導入の重要な効果として認識された。やがて，そのような企業内の活動とコストとの関係についての知識は従業員にも共有されるようになり，活動と顧客価値との関連について各自が洞察を深め，職能を超えて協働が起こるようなったと Birkett [1995] は説明している。

　Anderson and Young [2001] は，ＧＭ，ダイムラー／クライスラー社におけるＡＢＣの導入事例を分析している。その事例研究から，彼らは，次のような点を明らかにしている。第1は，ＡＢＣはビジネス・プロセスや製品についての正確なコストを提供する手法であるけれども，ＧＭやダイムラー／クライスラー社は企業変革を目的としてＡＢＣを導入したということである。そして，ＡＢＣという手法の導入それ自体が変革を起こすことを説明するのである。第2は，ＡＢＣの教育効果について，自分たちの行動が最終的にコストや業績にどのような影響を与えるかを現場レベルの従業員が理解するようになったということである。そのことを踏まえて，ＡＢＣ情報は，組織メンバーが自分たち

の行動について熟考することを促進し，改善活動を生み出すと説明するのである。第3は，ＡＢＣがＴＱＭやＢＰＲなどの経営革新手法と強く結びついているということである。以上をまとめて，彼らは，ＡＢＣが経営革新を引き起こすイニシエーターとして作用し，ＡＢＣ情報は，組織メンバーの知識創造に寄与すると述べている。

以上のような Birkett ［1995］や Anderson and Young ［2001］の研究は，ＡＢＣが製造間接費の配賦計算として有用であるだけではなく，組織的知識創造にとっても有用性があることを示している。彼らの研究を踏まえると，エンパワーメントされた組織メンバーにＡＢＣ情報を提供すると，個人に帰属していたコストと活動についての知識が「表出化」するものと考えられる。言い換えれば，ＡＢＣがコストと活動についての個人的な暗黙知を形式知化するということである。さらに，Anderson and Young ［2001］の研究は，ＡＢＣという新しい形式知が企業内の既存の形式知と組み合わさることによって，新たな形式知が作り出されることを含意すると考えられるのである。このようにＡＢＣは，企業内コラボレーション型パターンにおける組織的知識創造の仕掛けとして機能することが期待されるのである。

3　原価企画

原価企画については第3章でも考察したが，Cooper and Slugmulder ［1999, 2000］はメガ・コンペティションでは原価企画はもっと市場指向型（Market Driven）の原価企画に重点を置くべきだと主張し，図7－8のような原価企画のフレームワークを提示している。

Cooper and Slugmulder ［2000］は，図7－8の原価企画のフレームワークに関して，「市場志向の原価計算では，企業の製品設計者およびサプライヤーの能力が考慮されていないため，許容原価が達成できないことが多い」[13]ことを指摘し，「製品レベルの目標原価が適切に設定されれば，企業の製品設計者およびサプライヤーには，目標原価を達成するためにかなりの，しかし実現可能

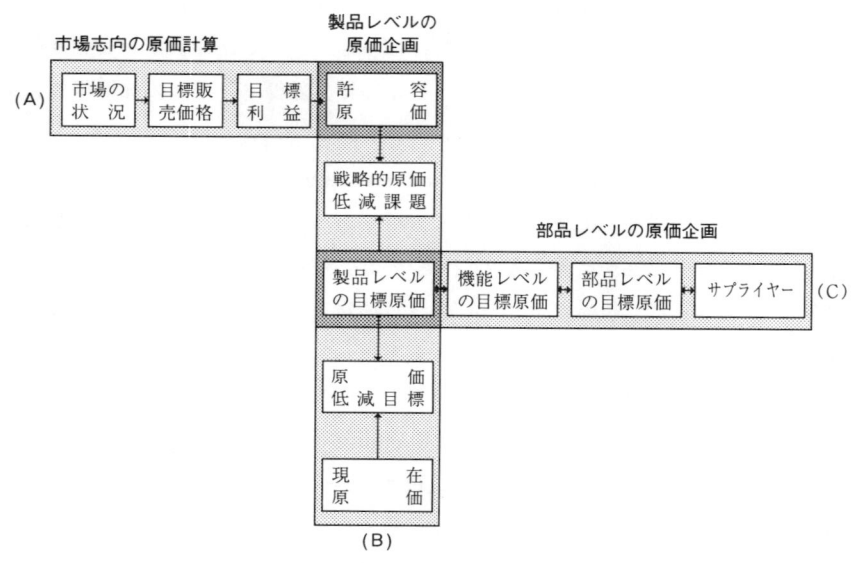

図7－8　Cooper and Slugmulder の原価企画のフレームワーク

```
        市場志向の原価計算      製品レベルの
                              原価企画
(A)  ┌─市場の─目標販─目標─┬─許容─┐
     │  状況  売価格  利益  │  原価  │
     └──────────────────┼────────┘
                          ↓
                    ┌─戦略的原価─┐
                    │低減課題    │
                    └────────────┘
                          ↓                部品レベルの原価企画
                    ┌─製品レベル─┬─機能レベル─┬─部品レベル─┬─サプライヤー─┐(C)
                    │の目標原価  │の目標原価  │の目標原価  │              │
                    └────────────┴────────────┴────────────┴──────────────┘
                          ↑
                    ┌─原　　価─┐
                    │低減目標  │
                    └────────────┘
                          ↑
                    ┌─現　　在─┐
                    │原　　価  │
                    └────────────┘
                         (B)
```

（出所：Cooper and Slugmulder [2000]，邦訳書，124頁）

な努力と創造力が求められることになる」[14] と述べるのである。

　このような Cooper and Slugmulder [2000] の説明に基づく，市場指向型の原価企画は組織的知識創造の具体的な方法とみなすことができよう。例えば，清水 [1992] は，一見厳しすぎると思われる目標原価の設定が，個人の知識体系にゆらぎを引き起こすとともに，知識変換のプロセスを通して組織的な情報の共有化を促進して新たな知の創造を誘発しうると述べている。また，伊藤 [1996] も，原価企画において重量級プロダクト・マネージャーは，「組織内の形式知および暗黙知を集約してチームメンバーに伝達するとともに，さまざまな手段を通じてチーム内にゆらぎが増幅するようコントロールしていく」[15] という役割を果たすということを主張している。そして，その効果について，「トップの意図が暗黙知の形であまねくメンバー個々にまで浸透（内面化）していくと，チームメンバーは，市場およびサプライヤーとの取引，ロジスティッ

クスなどのさまざまな局面で,収益やコスト,利益がどのように変化するかを分析して,製品開発を効率的に推進していくことになる」[16]と説明している。

原価企画は戦略的コスト・マネジメントとして認識されているが,上記のように,相当の創造性を発揮しないと達成できないような目標原価を設定する原価企画は組織的知識創造を誘発し,原価企画それ自体が組織的知識創造のプロセスの一部となるのである。以下では,原価企画が組織的知識創造のプロセスの一部となることを検討してみよう。

野中・竹内［1996］が製品コンセプトを分析し具体化する際に「連結化」が生じると述べているように,製品コンセプト作りの段階である商品企画からスタートする原価企画は組織的知識創造の「連結化」というプロセスを促進する作用がある。さらに,原価企画における連結化は,企業内のメンバーの知識だけでなく,「カスタマー・イン」という表現があるように,顧客の持つ知識をも活用した組織的知識創造が行われるのである。

目標原価が機能別・部品別に細分割付される 1st Look VE のステージに移行すると,そこでは「原価の造り込み」が行われる。「原価の造り込み」は原価企画のコアとなる活動であり,「原価の造り込み」は,組織メンバー（例えば,設計スタッフ,生産スタッフなど）が創意工夫して目標原価を達成する活動である。このような「原価の造り込み」を通して,それぞれの組織メンバーの暗黙知が原価企画にコミットする組織メンバーに対して明確なコンセプトとして表出化するのである。そして,それぞれの組織メンバーの暗黙知が形式知化されると,今度はそうした形式知が組み合わさって,目標原価を実現するための新たな形式知が作り出される。その意味では,「原価の造り込み」は,知識創造のエッセンスである「表出化」のプロセスと「連結化」のプロセスと見ることができるのである。また,原価企画にコミットする組織メンバーは,目標原価の実現という経験を共有することになる。それは,形式知を個人の暗黙知に体化する「内面化」,そして,メンタル・モデルや技能などの暗黙知を創造する「共同化」という効果を持つと考えられるのである。

しかしながら,原価企画についても,ＢＳＣと同様に,目標原価の達成と報

酬のリンケージには慎重な配慮が必要である。目標原価の達成と報酬が連動していると，目標原価はインセンティブ・システムにおける目標として作用することになる。その場合には，原価企画は Diagnostic Control Systems として機能してしまい，もはや知識創造のツールとはなりえないし，コラボレーション型パターンを崩壊させてしまうおそれがあるからである。

第3節　企業内コラボレーション型パターンにおける管理会計の統合

　前節までで，企業内コラボレーション型パターンにおいて，知識創造に組織メンバーをコミットさせると仕掛けとしての管理会計手法（OBM，BSC）と，組織メンバーが組織的知識創造を行う仕掛けとしての管理会計手法（Accounting Talk，ABC，原価企画）を明らかにした。この2つの仕掛けが相互補完的な形で統合されたとき，管理会計手法の体系としての管理会計システムは，企業内コラボレーション型パターンにおける知識創造に対して高い有用性を持つことになるであろう。以下で，このことを考察してみよう。

　図6−2で示されるような知識創造のマネジメント・コントロール・システムにおいて管理会計が果たす重要な役割はマネタリー・タームによる目標やBoundary の設定であった。そこで，マネジメント・コントロール・システムで設定される目標やBoundary から原価企画における目標原価が導出される場合を考えてみよう。この場合には，組織メンバーの行動をコーディネートするために利用される目標やBoundary が，組織的なゆらぎやカオスとしても用いられることになる。言い換えれば，原価企画によって組織的知識創造が誘発されると同時に，組織メンバーを組織的知識創造へコミットさせることもできるのである。

　また，Accounting Talk でやり取りされる会計情報が，マネジメント・コントロール・システムにおいて管理会計が設定する目標やBoundary である場合

についても考えてみよう。この場合には，目標や Boundary だけでなく，それらの背景にある企業文化や理念，競争に関する情報の共有が促進される。企業文化や理念，競争に関する情報の共有は Belief Systems, Interactive Control Systems と同じ効果を持つので，Accounting Talk という知識創造のツールはマネジメント・コントロールとしての機能も果たしているということになる。換言すれば，Accounting Talk によって組織的知識創造が誘発されると同時に，組織メンバーを組織的知識創造へコミットさせることができるのである。

これらの場合，知識創造のツールである経営手法と統合的なマネジメント・コントロール・システムとが結び付いていることになる。すなわち，管理会計システムによって知識創造のツールとマネジメント・コントロール・システムとがリンケージしているのである。このようなリンケージは，マネジメント・コントロールを通しての間接的貢献と知識創造のツールとしての直接的貢献を相互補完的な形で統合するものであろう。したがって，目標や Boundary を通して知識創造のツールとマネジメント・コントロール・システムとを統合することができれば，管理会計システムは企業内のコラボレーション型パターンの組織的知識創造にとって高い有用性を持つと言えよう。以上のことをまとめると，図7－9のように示される。

図7－9　企業内コラボレーション型パターンの管理会計

企業内コラボレーション型パターンの管理会計
‖
コラボレーションによる組織的知識創造の仕掛けとしての管理会計

組織的知識創造を誘発するコラボレーションの仕掛け
・OBM
・BSC

組織的知識創造の手段
・ABC
・原価企画
・Accounting Talk
・BSC

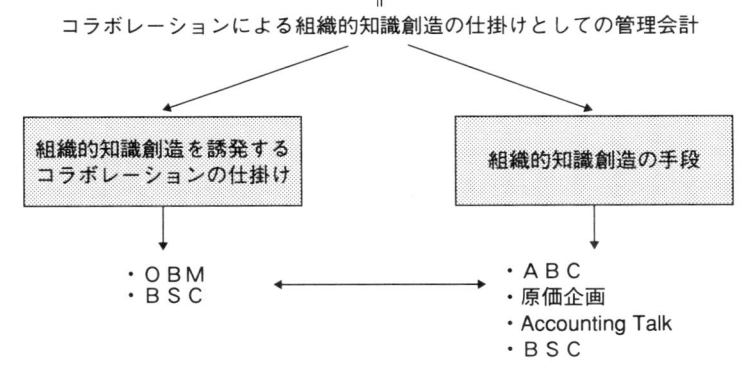

（注）
1) 伊藤 [1998], 28頁。
2) Klatt, et. al. [1998], pp.19−20, 22.
3) Case [1995], 引用は邦訳書, 16頁。
4) Case [1995], 引用は邦訳書, 15頁。
5) Case [1995], 引用は邦訳書, 15頁。
6) Case [1995], 引用は邦訳書, 98頁。
7) Case [1995], 引用は邦訳書, 124−125頁。
8) Case [1995], 引用は邦訳書, 98−100頁。
9) Kaplan and Norton [1996 b], pp.68−73. 邦訳書, 100−101頁。
10) Kaplan and Norton [1996 b], pp.10−11. 邦訳書, 32−33頁。
11) Kaplan and Norton [2000], p.350.
12) Cooper and Kaplan [1987], pp.96−97.
13) Cooper and Slugmulder [2000], 引用は邦訳書, 124頁。
14) Cooper and Slugmulder [2000], 引用は邦訳書, 125頁。
15) 伊藤 [1996], 37頁。
16) 伊藤 [1996], 37−38頁。

第8章　企業間コラボレーション型パターンと管理会計

　本章では，企業間コラボレーション型パターンにおいて，企業間のコラボレーションを促進し組織的知識創造を行う仕掛けとしての管理会計について考察する。

第1節　企業間コラボレーション型パターンの構築と管理会計

　企業間コラボレーション型パターンはコア・コンピタンスを持つ企業がアライアンスによって結合した関係性のパターンであり，その背景には要素還元型の顧客価値創造プロセスから要素統合型の顧客価値創造プロセスへのパラダイム・シフトがある。したがって，コラボレーション型パターンのマネジメントの出発点は，顧客価値創造を行うことができるように企業間コラボレーション型パターンを構築することにある。そこで，本節では，企業間コラボレーション型パターンを構築するための管理会計のあり方および手法について考察しよう。

1　利益配分メカニズム

　企業間コラボレーション型パターンは，コア・コンピタンスを持つ企業がアライアンスによってコラボレーションを行うことによって形成される。そして，企業間コラボレーション型パターンにコミットする各企業は，企業間コラボレーション型パターンが全体として創造した経済的価値（言い換えれば，価値コンステレーションが稼得した利益）の分配を通してそれぞれの企業価値を創造するのである。そのため，企業間コラボレーション型パターンにコミットする企業の間で創造された経済的価値を分配できる仕組みが必要となる。このような経済的価値の分配の仕組みは，企業間コラボレーション型パターン構築のためには不可欠で，そのような機能を持つ管理会計が必要となる。以下で，このような管理会計について考察してみよう。

　企業間コラボレーション型パターンにコミットする企業への経済的価値の配分を行うためには，まず企業間コラボレーション型パターンが全体として創造した経済的価値を測定しなければならない。企業間コラボレーション型パターン全体が創造した経済的価値は，具体的には，当該企業間コラボレーション型パターンが最終的に買い手に供給した製品・サービスの対価を基礎として測定される。そして，最終的に買い手が企業間コラボレーション型パターン全体に支払う対価（視点を変えれば，企業間コラボレーション型パターン全体の売上）を企業間コラボレーション型パターンにコミットする企業で配分するのである。

　企業間コラボレーション型パターンにコミットする企業は連携して顧客価値創造プロセスを遂行し，その過程において企業と企業との間で製品・サービスのやり取りが行われる。このような企業間で取引される製品・サービスに付与される価格は，それを提供する企業にとっての売上，それを消費する企業にとってのコストとなる。したがって，企業間コラボレーション型パターンにコミットする企業間で取引される製品・サービスに付与される価格（以下では，この価格を便宜的に企業間振替価格と呼ぶことにする）が，それぞれの企業の利益の額を決めることになる。その意味では，企業間振替価格の設定が利益配分のメカ

ニズムということになるのである。そこで，利益配分を行う上で，どのように企業間振替価格を設定すると望ましいかを，企業内の振替価格を参考にして考察していこう。

企業内の振替価格についての研究は，市場経済の価格決定分析に基づく経済学的なアプローチと組織特性に基づく経営学的なアプローチとがある。後者のアプローチをとるものとして，Watson and Baumler[1975]，Eccles[1983, 1985]などがあげられる。Watson and Baumler [1975] は，完全競争市場の価格決定メカニズムを応用して振替価格を決定することの問題点を指摘し，振替価格は組織特性を考慮して決定するべきだと主張した。そして，内部取引される財に価格を付与すると各部門の責任が明確になり分化(Differentiation)[1]が促進されると同時に，部門の統合 (Integration)[2] が促進されるという，振替価格のマネジメント上の意義について述べている。

Eccles [1983, 1985] は，Watson and Baumler [1975] と同じように，組織

図8－1　組織のタイプ

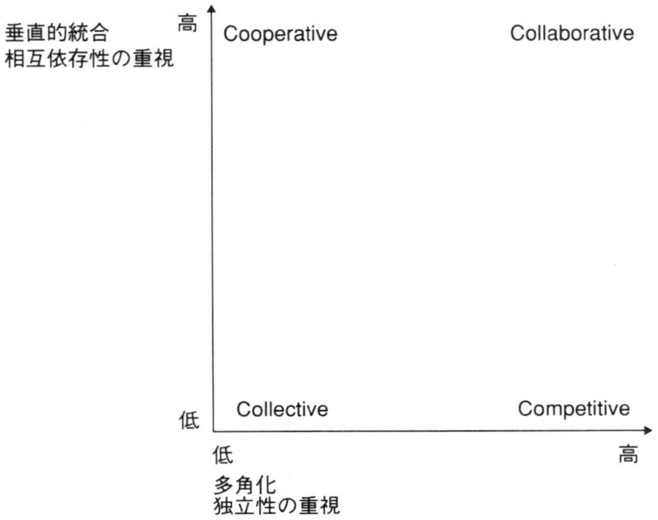

	低　　多角化　独立性の重視　　高	
高　垂直的統合　相互依存性の重視	Cooperative	Collaborative
低	Collective	Competitive

（出所：Eccles [1983]，p.152.）

特性に基づく振替価格設定のフレームワークを提示している。Eccles［1983, 1985］は，プロフィット・センターの導入によって振替価格の設定が重要な問題となったことを指摘した上で，組織の各部門間の相互依存関係，特に垂直的統合と多角化に着目し，その関係に基づいて，Competitive Organizations, Cooperative Organizations, Collaborative Organizations, Collective Organizations という4つのタイプに組織を分類するのである（図8－1参照）。

前述の4つのタイプのうち，振替価格の設定がマネジメント上重要な問題となるのは Competitive Organizations, Cooperative Organizations, Collaborative Organizations の3つのタイプであり，それぞれのタイプに適した振替価格の設定について次のように説明している。Competitive Organizations は，コングロマリットや持株会社のように，多角化の程度が高く部門間の垂直的統合がほとんどない組織であり，このタイプでは振替価格として市場価格あるいは二重価格を用いるのが適切である。Cooperative Organizations は，垂直的

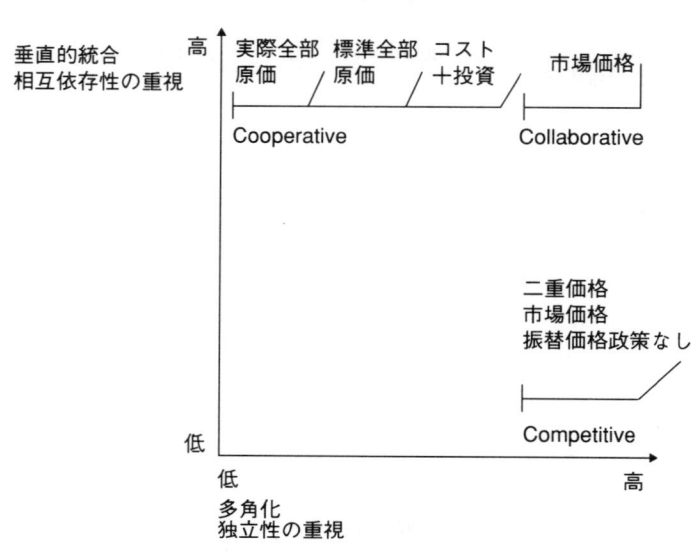

図8－2　振替価格設定のためのマップ

（出所：Eccles［1983］, p.160.）

統合の程度が高い会社のように，各部門が協調しなければならない組織であり，このタイプでは全部原価をベースに振替価格を設定するのが適切である。Collaborative Organizations は，マトリックス組織のように，垂直的統合と多角化した各部門の貢献を協調する組織であり，このタイプでは市場価格ベースで振替価格を設定するのが適切である。以上をまとめて，Eccles [1983, 1985] は，図8－2で示されるような振替価格設定のためのフレームワークを提示するのである。

　組織特性に基づく経営学的なアプローチに取引コストの概念を導入したアプローチをとるものとして，Spicer [1988], Colbert and Spicer [1995] などがあげられる。Spicer [1988] は，企業内の財の移転を取引の内部化としてとらえる。その上で，取引が内部化されるかどうかは，取引される財のデザイン上の特徴や性能，その財の生産に必要な投資と規模の経済性に依拠して決まると説明するのである。以上のことを踏まえて，Spicer [1988] は，企業内で移転される財の特異性が低い場合には市場価格に基づいて振替価格が設定され，他方，企業内で移転される財の特異性が高く，その取引のために特別な投資がなされている場合には，振替価格は製造原価に基づいて設定されることを説明するのである。

　Colbert and Spicer [1995] は，Williamson [1985] の資産特殊性の概念を援用して，取引の内部化について次のように説明する。資産の特殊性が低い場合には財の製造に際し規模の経済性が作用するので，外部から購入する。反対に，資産の特殊性が高い場合には取引コストが増加するので，内製を行う。以上のことを踏まえて，資産の特殊性が低い場合には製造される財の特殊性も低くなるので振替価格は市場価格を基礎として設定され，資産の特殊性が高い場合には製造される財の特殊性も高くなるので振替価格は製造原価を基礎として設定されると主張するのである。

　企業内の振替価格についての上記の研究をまとめると，振替価格は部門間の相互依存の関係，資産および財の特異性に依存して設定するべきだということになる。このような企業内の振替価格の考え方を企業間コラボレーション型パ

ターンに援用してみよう。

　企業間コラボレーション型パターンではコア・コンピタンスを持つ企業が連携して顧客価値創造を行うので企業間の相互依存関係は高くなり，その点では，Eccles［1983, 1985］の言う Cooperative Organizations としてとらえることができる。また，各企業がコア・コンピタンスを持つということは，それぞれの企業においてコア・コンピタンス形成のための特殊な投資が行われていることを含意する。以上のことから，企業間コラボレーション型パターンでは，原則として，市場価格ではなく，財・サービスのコストをベースに利益を加算して振替価格を設定するべきだと考えられるのである。

　しかしながら，Eccles［1983, 1985］，Spicer［1988］，Colbert and Spicer［1995］は，コストベースで振替価格を設定するときに加算するべき利益をどのように決定するかということを明示的に示しているわけではない。このことに関して，Luft and Libby［1997］は，交渉によって利益配分についての公正性が得られるような振替価格を決定することができることを示している。企業間振替価格は買い手企業にとってのコストとなるので，結局，企業型コラボレーション型パターンでも，アライアンスを結ぶ当事者の間で利益配分についての交渉が必要になると思われる。そのような振替価格は，次式のように示される。

　　企業間振替価格＝財・サービスの生産・供給コスト
　　　　　　　　　　　　　　　　　＋合意された利益の配分額

　なお，「コスト＋利益」方式の振替価格設定には，その企業の経営者にとって low-powered incentives[3] となり，コスト低減の努力などの企業間コラボレーション型パターンにとって有益となるような経営努力を怠るおそれがあるという問題も指摘されている。この問題については，企業間原価企画において考察することとしたい。

2 管理会計情報の共有

　第6章で考察したように，企業間コラボレーション型パターンのマネジメントにとって，企業間の信頼は不可欠である。すなわち，企業間コラボレーション型パターンも企業間のアライアンスという企業間取引を基礎としているので，不可避的に生じる取引コストの問題をマネジメントする必要があり，その1つが企業間で信頼を築くことなのである。

　企業間コラボレーション型パターンのマネジメントとして企業間の信頼を築く上で，管理会計に要求される役割期待は2つあると考えられる。1つは情報の共有であり，もう1つは管理会計システムの企業間での統一である。以下，それぞれについて考察していこう。

(1) 管理会計情報の共有

　管理会計情報の共有は，企業内コラボレーション型パターンにおけるOBMと同じように，企業間の Interactive Control Systems としての効果を持つと考えられる。擬似統合型パターンにおける価値連鎖分析が提供するようなコスト情報は，企業間コラボレーション型パターンにおいても，個別企業では不可能であった企業間のコスト削減を促進すると考えられる。また，価値連鎖分析のコスト情報だけでなく，メガ・コンペティションについての管理会計情報を企業間で共有することは，コラボレーションのあり方や企業間の組織的知識創造のあり方を見直したり改善したりすることの契機となるであろう。管理会計情報を企業間で共有する具体的な仕掛けとしては，インターネットなどのITの活用があげられる。

(2) 管理会計システムの企業内コラボレーション型パターン内での統一

　企業間コラボレーション型パターンにおいて，それにコミットする企業の間で管理会計システムが統一されていると，次のような利点がある。
　第1は，情報共有を促進するという効果である。会計情報の共有は，ある企

業の管理会計情報が他の企業に有用な情報として伝達され利用されるということを含意する。このとき，両者の間で会計システムが統一されていないと，会計情報を検索したり解釈したりするのに，それができなくなるほどとても多額のコストがかかってしまうのである (Riordan [1990])。それでは，コラボレーションを行い企業間の組織的知識創造をスムーズに行うことに支障が生じるし，企業間の信頼が損なわれてしまうおそれがある。このような事態を回避し，企業間の情報共有を促進するためには，管理会計システムが統一あるいは，企業間で互換性を持てるようにすることが必要である。

第2は，企業間振替価格設定に有用な情報を提供するというものである。企業間振替価格を設定するためには，企業間コラボレーション型パターン全体の業績測定と，個別企業のコストを算定することが必要である。このとき，各企業の会計処理の手続きが異なっていると，企業間振替価格を適切に設定することが困難となる。特に，ある企業が故意にコストを高くするような会計手法を採用することは，企業間コラボレーション型パターン全体にとってネガティブに作用する。このような事態を回避するためにもできるだけ参加企業の会計システムを統一しておくのが望ましい。

3 管理会計標準－経営標準に関連して－

企業間コラボレーション型パターンでは，経営標準を作成することが必要になる。経営標準によって企業の経営を評価する場合，適切なコスト・マネジメントが行われているかどうかというような評価項目が含まれるであろう。適切なコスト・マネジメントを行っていない企業が価値コンステレーションに参加すると，価値コンステレーションの競争力が低下するような事態に陥ってしまうおそれがあるからである。したがって，経営標準の作成に際しては，適切なコスト・マネジメントが行われているかどうかなどを評価できるような管理会計についての標準も作成する必要があると考えられる。コスト・マネジメントに関わる管理会計手法として，例えば，原価企画やＡＢＣ，標準原価計算，直

接原価計算,品質原価計算などがあげられる。

　価値コンステレーションには戦略的アライアンスとオペレーショナル・アライアンスがあるが,経営標準が有効なのはオペレーショナル・アライアンスである。戦略的アライアンスの対象となる企業は価値コンステレーションの競争力にとってクリティカルな存在であり,そうした企業の経営については経営標準だけでは評価できないからである。このように考えると,管理会計標準はオペレーショナル・アライアンスについて,スクリーニングとして機能するような内容であることが望ましいと考えられる。

　また,経営標準に関連して,チェック・リストの運用とそれを活用したコントローラー的機能が必要になる。というのも,経営標準を達成しているかどうかを判断するためにチェック・リストが用いられ,その判断が客観的であるためには評価基準とその評価結果を計数的（必ずしも貨幣数値ではないが）に示す必要があるからである。このようなチェック・リストを利用する計数的な評価は伝統的にはコントローラーの役割であるので,チェック・リストの運用は新たなコントローラーシップとして管理会計に要求される機能だと考えられる。

第2節　企業間コラボレーション型パターンにおける知識創造と管理会計

　前節では,企業間コラボレーション型パターンを構築するという視点から管理会計のあり方を考察した。言い換えれば,価値コンステレーションの構築に有用な管理会計ということである。本節では,そのような価値コンステレーションの知識創造のための管理会計を考察する。そのような管理会計手法として,企業内コラボレーション型パターンにおける組織的知識創造に有用である原価企画を企業間で展開した連鎖的原価企画を取り上げる。

1 連鎖的原価企画

　原価企画には，第3章で説明したように，細分割付というプロセスがある。これは，製品の目標原価を機能別，部品別に分解し，それぞれの機能や部品の目標原価とする活動である。この細分割付された目標原価は，サプライヤーにとっての目標販売価格となる。Cooper and Slugmulder［2000］は，細分割付された目標原価がサプライヤーにとっての目標販売価格になることを原価企画の連鎖ととらえ，そのような企業間の原価企画を連鎖的原価企画（Chained Target Costing）と呼んでいる。それは，図8－3，図8－4のように示される。

　Cooper and Slugmulder［2000］は，連鎖的原価企画について，「主たるメ

図8－3　2社の場合の原価企画の連鎖

（出所：Cooper and Slugmulder［2000］，p.204.）

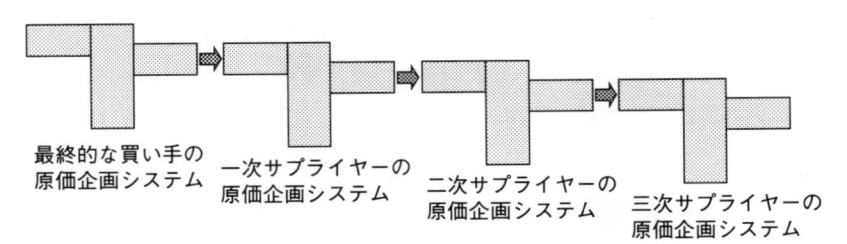

図8－4　複数企業の原価企画の連鎖

（出所：Cooper and Slugmulder［2000］，p.204.）

リットは，連鎖の始点にある企業が直面する競争上のプレッシャーを，連鎖の中にある他企業に伝達することができる点にある」[4]と述べている。それは，このプレッシャーによって，サプライチェーン全体がより効率的になろうとするような強いインセンティブを生み出すからだと説明するのである。

　Cooper and Slugmulder［2000］の原価企画の連鎖という考え方を企業間コラボレーション型パターンに当てはめてみると，次のようになる。すなわち，企業間コラボレーション型パターンにおける最終消費財を生産・供給する企業の目標販売価格が企業間コラボレーション型パターン全体の目標販売価格としてとらえられる。その目標販売価格に基づいて決定される目標原価が企業間コラボレーション型パターンにコミットする各企業に細分割付される。そして，その過程において，価値コンステレーション全体がより効率的になろうとするような強いインセンティブが生み出されるということになるのである。企業間コラボレーション型パターンにおいて連鎖的原価企画は，それが競争上のプレッシャーを価値コンステレーションの参加企業に伝達するということから，Interactive Control Systems として作用することも考えられる。以下で，このような連鎖的原価企画の企業内コラボレーション型パターンの組織的知識創造における役割を考察していく。

2　連鎖的原価企画による企業間知識創造の促進

(1)　企業間知識創造のインセンティブとしての目標原価

　原価企画の連鎖において，それぞれの部品に細分割付された目標原価は，サプライヤーが生産・供給する当該部品の販売価格となる。つまり，部品の買い手である企業にとって部品の取得原価はコストであるが，サプライヤーにとっては売上になるのである。この関係は下の式のように示すことができる。

　　　細分割付された部品の目標原価＝サプライヤーにとっての販売価格

このことは，目標原価が細分割付された部品については，買い手がその部品を目標原価で購入することを含意する。したがって，サプライヤーの利益は次の式のように算定される。

サプライヤーの利益＝細分割付された目標原価－実際製造コスト

この式からは，細分割付された目標原価は，価値コンステレーションにおいてアライアンスを結ぶ当事者の間で利益配分について合意された企業間振替価格として機能することが分かる。このような企業間振替価格について，Kimura and Ogawa [2002] は，インセンティブとしての有効性を次のように指摘している。すなわち，細分割付された目標原価は引き上げることができないので，サプライヤーが自己の利益を増加させるためには，実際製造コストを削減しなければならない。したがって，適切に細分割付された目標原価は，自己の利益を増加させるための製造コスト削減というサプライヤーの努力を引き出すことになり，high-powered incentives として作用するというものである。知識創造という点では，上記のような high-powered incentives は価値コンステレーションに参加する企業が実際製造コストを削減するために知識創造を行うことの誘因として期待されるのである。

価値コンステレーションの競争力という観点からは，サプライヤーの努力が価値コンステレーション全体にフィードバックされるのが望ましく，サプライヤーが実際製造コストを削減したら，新たに目標原価を引き下げるべきであろう。このような目標原価の改訂はサプライヤーの疲弊を招くという指摘がある（例えば，加登 [1993]）が，あるサプライヤーが価値コンステレーションの創造した経済的価値を独占するような目標原価はコラボレーション型パターンを損なうおそれがある。したがって，コラボレーション型パターンを維持し，価値コンステレーションの競争力を向上させるためには，実際製造コストの削減に連動して目標原価を改訂することが必要なのである。また，そうした目標原価の引き下げは，再度，high-powered incentives として作用し，価値コンステ

レーションに参加する企業の知識創造を誘発することも期待される。

(2) **企業間知識創造のマネジメント・コントロールの効果**

　Cooper and Slugmulder [2000] が指摘するように，連鎖的原価企画が，連鎖の始点にある企業が直面する競争上のプレッシャーを連鎖の中にある他企業に伝達するものであるならば，それは価値コンステレーションにおける Interactive Control Systems として作用することが期待される。というのも，連鎖的原価企画によって価値コンステレーション全体が直面する競争についての情報を共有することになるからである。前章で考察したように，Interactive Control Systems は組織的知識創造に組織メンバーをコミットさせる効果があり，Boundary を設定する場合のガイドラインとなる。そのため，価値コンステレーション全体が直面する競争についての情報の伝達の仕方や共有の仕方が適切にデザインされた連鎖的原価企画は，企業間の組織的知識創造のマネジメント・コントロールの効果があると考えられるのである。

3　原価企画の企業間組織的知識創造の効果

　前章で明らかにしたように，原価企画は組織的知識創造の手段でもある。それは，原価企画のプロセスが，「連結化」「表出化」「共同化」「内面化」という知識創造プロセスとして機能するからである。このような原価企画の企業間の組織的知識創造への効果を検討してみよう。

　企業間コラボレーション型パターンにおける原価企画といった場合，すでに見たような Cooper and Slugmulder [2000] の言う連鎖的原価企画と，価値コンステレーション自体の原価企画とを考えることができる。連鎖的原価企画は，個別企業も原価企画を行うことを含意する。個別企業が原価企画を行う場合には，前章で見たように，個別企業ごとに組織的知識創造が行われる。その意味では，連鎖的原価企画は個別企業の組織的知識創造を誘発すると言えよう。

　このような連鎖的原価企画に対し，価値コンステレーション自体の原価企画

は新しいコンセプトであり，価値コンステレーションに参加する企業がコラボレーションによって目標原価を達成していくという考え方である。個々の企業においてエンパワーメントされた組織メンバーが組織的知識創造を通じて目標原価を造り込むということを，価値コンステレーションに適用するのである。したがって，価値コンステレーション自体の原価企画は，コア・コンピタンスを持った参加企業の組織的知識創造によって目標原価を造り込む活動と位置づけることができよう。このことについて検討してみよう。

　原価企画は商品企画からスタートする。商品企画は形式知の「連結化」を促進する。これを価値コンステレーション自体の原価企画に適用してみると，商品企画のプロセスは，参加企業の形式知の「連結化」のプロセスと見ることができる。一般的には，異業種の企業が共同で製品開発を行うような場合が想定されるであろう。例えば，ハイブリッド・カーは自動車メーカーと電気メーカーによる形式知の「連結化」の成果と言える。企業の持つ形式知はコア・コンピタンスに由来するものであるから，そのような「連結化」は非常に特異で優れた知識の創造を実現可能にすると考えられ，価値コンステレーション自体の原価企画における商品企画のプロセスは企業間の組織的知識創造にとって重要であると考えられる。

　商品企画に続く，1st Look VEでは，細分割付そして原価の造り込みが行われる。原価の造り込みは，暗黙知の「表出化」と表出化によって変化した形式知の「連結化」のプロセスと見なすことができる。細分割付された目標原価は，前述したように，参加企業への high-powered incentives として作用し，各企業の知識創造が誘発されることが期待される。その一方で，価値コンステレーション全体としての原価の造り込みという効果を考えることも可能であろう。価値コンステレーション全体としての原価の造り込みは，参加企業が創意工夫して全体としての目標原価を達成する活動であり，その過程において各企業の持つ知識が他企業にも理解できるような形式知に変換される。言い換えれば，参加企業のナレッジの「表出化」が行われるということである。そして，そのように表出化したナレッジは価値コンステレーションにコミットする企業に共

有されるようになるので，「共同化」というプロセスでもある。このプロセスにおいて，それぞれの企業のコア・コンピタンスの背景にあるナレッジを共有できるようになり，それによって自社のコア・コンピタンスを向上させることも可能であろう。

(注)
1) Watson and Baumler [1975] は分化を，分権化 (Decentralization) の概念を援用しながら，不確実性に適応できるように組織を固有の部分に分割すること，そして分割によって生じる組織メンバーの態度・行動の違いを包含する概念として説明している。
2) Watson and Baumler [1975] は統合を，分化という概念に対して，各ユニットの努力が集約して全社的な目標を達成することを保証するプロセスと定義している。
3) low-powered incentivesは，high-powered incentives とは逆のインセンティブ・システムである。high-powered incentives とは，自己の努力のリターンの大部分を受け取ることができるインセンティブであり，市場でのインセンティブが相当する。これに対し，low-powered incentives はコストプラス契約や固定給のようなインセンティブであり，市場でない組織（すなわち企業）でのインセンティブとして考えられている。詳細は，Williamson [1985] を参照されたい。
4) Cooper and Slugmulder [2000]，引用は邦訳書，157-159頁。

第9章 結　　章

　会計的測定技法をマネジメントに応用する管理会計についての研究は，さまざまな視点から多面的に行われてきた。そうした研究の流れにおいて，本書では関係性のパターンという視点からメガ・コンペティションにおける管理会計のあり方を考察した。

　関係性のパターンという視点から管理会計を考察することの意義として，競争力の源泉となる「質の高いチームワーク」という関係性のパターンの構築・維持に管理会計はどのように関わるべきかについて新たな知見が得られるということがあげられる。本書における考察は，メガ・コンペティションにおいて「質の高いチームワーク」がコラボレーションを促進し組織的知識創造を生み出すような関係性のパターンであることを明らかにした上で，そのような関係性のパターンにおいて企業内および企業間での組織的知識創造の仕掛けとして機能する管理会計のあり方を明らかにしたのである。このような本書の結びとして，考察の要点をまとめることにする。

1　問題の所在

　本書で考察の対象とした問題は，関係性のパターンという視点からメガ・コンペティションにおける管理会計のあり方を解明することである。第1章では，この問題を取り上げる意義について説明した。Johnson and Kaplan による管

理会計の有用性の喪失という問題提起は，その後の管理会計研究を促進させる契機となり，新しい管理会計手法やコンセプトが開発された。新しい管理会計手法やコンセプトは管理会計の有用性の回復を意図するものである。しかし，メガ・コンペティションに対処し企業価値を高めるための管理会計のあり方を解明しなければ，新しい管理会計手法やコンセプトによる「管理会計のジャングル」ともいうべき状況に陥ってしまうことを指摘した。このような問題意識に基づき，本書では「質の高いチームワーク」がメガ・コンペティションに対処し企業価値を高める上でクリティカルな要因であるという認識に基づき，関係性のパターンという視点からメガ・コンペティションにおける管理会計のあり方を考察することにしたのである。

2 分業を前提とする関係性のパターンと管理会計

第2章から4章では，顧客価値創造プロセスを要素に還元する分業を前提として関係性のパターンと管理会計について考察した。

第2草では，企業内の関係性のパターンとそのマネジメントを明らかにした。その考察の出発点は，「質の高いチームワーク」という関係性のパターンが自然発生的に構築されるかどうかを検討することにあった。そこで，ゲーム理論のモデルを用いて，分業にコミットする組織メンバーの間でどのような関係性のパターンが生じるかどうかを分析した。分析の結果，「質の高いチームワーク」とも言うべき「チームプレー型パターン」とそうでない「分断型パターン」という2つのパターンが生じることが明らかになった。さらに，このモデルのインプリケーションとして，分断型パターンではチームプレー型パターンとは異なるマネジメントが必要になるということを指摘した。

このことを踏まえて，分断型パターンではメンバー間のチームワークを構築するためのマネジメントではなく，マネージャーとメンバーとのエイジェンシー関係に基づくマネジメント・コントロールが行われることを説明し，そのマネジメント・コントロールがSimonsの言うDiagnostic Control Systemsで

第9章 結　　章　175

あることを指摘した。そして，エイジェンシー理論に基づくインセンティブ・システムおよびモニタリング・システムの内容を説明し，具体的な経営手法として業績給制度などを取り上げて，その有効性を検討した。

　一方，チームプレー型パターンでは，その関係性のパターンを維持するマネジメントが必要であることを説明した。Diagnostic Control Systems はそのような関係性のパターンを崩壊させてしまうことを指摘し，チームプレー型パターンのマネジメントには，Simons が提唱する Boundary Systems, Belief Systems, Interactive Control Systems としての機能が求められることを明らかにした。そして年功制，長期雇用制，ＯＪＴなどがチームプレー型パターンにおいて有効な経営手法であることを説明した。

　第3章は，第2章で明らかにした分断型パターンのマネジメントおよびチームプレー型パターンのマネジメントに適合する管理会計のあり方を考察し，具体的な管理会計手法を検討した。

　分断型パターンでは管理会計は Diagnostic Control Systems としての機能が求められることを説明し，エイジェンシー関係を前提としたマネジメントのためのインセンティブ・システムにおける業績測定およびモニタリング・システムとしての役割を果たすことが管理会計に求められることを指摘した。そして，そのような役割を果たす管理会計手法として予算管理，標準原価計算，コントローラーシップを取り上げて，それらの手法の内容を検討し，分断型パターンのマネジメントにおける有用性を明らかにした。

　一方，チームプレー型パターンでは，Boundary Systems, Belief Systems, Interactive Control Systems としての機能が管理会計に求められることを指摘した。そのような機能を持つ管理会計手法として参加型予算，原価企画を取り上げて，それらの手法の有用性を明らかにした。その上で，参加型予算，原価企画が Diagnostic Control Systems として作用しないようにすることがチームプレー型パターンのマネジメントにとって重要であることを説明した。

　さらに，それぞれのパターンにおいて有用な管理会計手法はそれぞれの関係性のパターンのマネジメントと制度的補完性を有することを説明した。その上

で，管理会計手法は関係性のパターンを安定させるように作用すると同時に，その関係性のパターンが経営環境に適合しなくなったときにはそれらの管理会計の有用性も喪失することを明らかにしたのである。

顧客価値創造プロセスは1つの企業によってすべて遂行されるわけではなく，Porterの価値システムにも示されるように，複数の企業によって行われている。このことは，顧客価値創造プロセスの要素還元という視点から見ると，企業間の分業ととらえられる。そこで，第4章では，顧客価値創造プロセスを要素還元する分業を前提とした企業間の関係性のパターンと管理会計についても考察した。

企業間の分業は「取引」という形態で表出するので，Coase, Williamson のモデルを参照して，取引の内部化そして外部化という視点から企業間の分業における関係性のパターンを考察した。その結果，市場取引と見ることができるような関係性のパターン（契約的取引型パターン）と，垂直的統合と見ることができるような関係性のパターン（擬似統合型パターン）が構築されることを明らかにした。そして，それぞれの関係性のパターンに適合する管理会計のあり方を考察した。いずれのパターンにおいても，製品・サービスを外部から調達するかどうか，すなわち「自製か購入か」という意思決定に有用な情報を提供することが管理会計に求められることを指摘し，契約的取引型パターンを通常の市場取引と同一視するならば契約的取引型パターンでは，それ以上の有用性がないことを説明した。一方，擬似統合型パターンでは，Shank and Govindarajan の価値連鎖分析が有効であることを説明し，それを適切に運用することによって擬似統合型パターンが企業間の「質の高いチームワーク」になりうることを指摘した。

3　経営環境の変化による関係性のパターンの変容

顧客価値創造プロセスを要素に還元する分業が企業価値創造において有効であるような経営環境では，分断型パターンとチームプレー型パターン，契約的

取引型パターンと擬似統合型パターンのいずれのパターンであっても適切なマネジメントが行われていれば，企業価値を高めることができる。しかしながら，1990年代以降のメガ・コンペティションという経営環境は，分業の妥当性ないしは合理性の見直しをせまるものであった。そこで，第5章では，経営環境の変化が関係性のパターンにどのような影響を与えるのか，そして関係性のパターンの変容について考察した。

第5章では，1990年代以降の経営環境の変化を象徴する「グローバル化」と「情報化」の内容を検討し，「グローバル化」と「情報化」に象徴される経営環境は，人件費の低い国々の企業が圧倒的なコスト優位を獲得し，ＩＴがビジネスのインフラとして位置づけられるような経営環境であることを説明した。

そのことを踏まえて，「グローバル化」と「情報化」に象徴される経営環境において競争力を維持・向上させ企業価値を高めるためには，顧客価値創造プロセスを要素に還元する分業よりも，優れた経済主体がコラボレーションによって顧客価値創造プロセスを再構築するようなビジネス・モデルが必要になることを指摘した。そして，企業内では，チームプレー型パターンからエンパワーメントされた従業員によるコラボレーション型パターンへ変容することを説明した。同様に，企業間では，擬似統合型パターンからコア・コンピタンスを持つ企業によるコラボレーション型パターン（価値コンステレーション）へ変容することを説明した。以上のことを踏まえて，コラボレーション型パターンがメガ・コンペティションにおける「質の高いチームワーク」であることを指摘したのである。

4　コラボレーション型パターンと管理会計

第6章から第8章では，メガ・コンペティションにおける「質の高いチームワーク」という関係性のパターンであるコラボレーション型パターンについて，そのマネジメントと管理会計のあり方について考察した。

第6章では，日本企業の実態調査を基にして，コラボレーション型パターン

においてエンパワーメントとアライアンスが重要な要因であることを説明した。その検討を踏まえて，エンパワーメントが企業内の組織的知識創造を通して，そしてアライアンスが企業間の組織的知識創造を通して競争力のある製品・サービスを生み出し，企業価値を創造することを説明し，そのフレームワークを構築した。

そのフレームワークに基づいて，コラボレーション型パターンのマネジメントとしてナレッジ・マネジメントの有効性を指摘した。企業内のコラボレーション型パターンのマネジメントとして，Boundary Systems, Belief Systems, Interactive Control Systems, Diagnostic Control Systems を統合した組織的知識創造のためのマネジメント・コントロールのフレームワークを構築した。一方，企業間のコラボレーション型パターンのマネジメントには，価値コンステレーションとしての競争力を高めること，そして参加企業間のコーディネーションが求められることを説明した。

第7章では，企業内コラボレーション型パターンにおける管理会計のあり方および管理会計手法について考察した。企業内コラボレーション型パターンにおける管理会計には，Boundary Systems, Belief Systems, Interactive Control Systems, Diagnostic Control Systems を統合した組織的知識創造のためのマネジメント・コントロールと整合的であることが求められ，ナレッジ・マネジメントのツールとしての役割期待と組織的知識創造のツールとしての役割期待があることを説明した。ナレッジ・マネジメントのツールとなりうるような管理会計手法としてOBMやBSCを取り上げ，その内容を検討しナレッジ・マネジメントのツールとして有用性が高いことを説明した。一方，組織的知識創造のツールとなりうるような管理会計手法としてABC, Accounting Talk, 原価企画を取り上げ，その内容を検討し組織的知識創造のツールとして有用性が高いことを明らかにした。

それらの考察を踏まえて，ナレッジ・マネジメントのツールとなるOBMやBSCと組織的知識創造のツールとなるABC, Accounting Talk, 原価企画とを統合するような管理会計システムの構築が必要になることを説明した。ま

た，そのような管理会計システムが有用であるためには，ＢＳＣや原価企画がDiagnostic Control Systems として作用するのを防ぐ必要があることを指摘したのである。

第8章では，企業間コラボレーション型パターンにおける管理会計のあり方および管理会計手法について考察した。そこでは，企業間コラボレーション型パターンを構築・維持すること，および価値コンステレーションの組織的知識創造に貢献することが管理会計に求められる役割であることを明らかにし，そのような役割を果たすための管理会計手法について考察した。

企業間コラボレーション型パターンの構築・維持については，企業間の利益分配の機能が管理会計に求められることを指摘し，そのための企業間振替価格の設定のあり方を説明した。さらに，企業間ＯＢＭも企業間コラボレーション型パターンの構築・維持に有効であることを説明した。

価値コンステレーションの組織的知識創造に貢献するような管理会計手法として，Cooper and Slugmulder の連鎖的原価企画を取り上げた。連鎖的原価企画が価値コンステレーション内でナレッジ・マネジメントにおける Interactive Control Systems として作用することを説明し，目標原価の細分割付は知識創造を誘発するような high-powered incentives として有効であることを説明したのである。

以上のことを整理すると，図9－1，図9－2のように示される。図9－1は経営環境の変化によって関係性のパターンが変容するイメージを図示したものである。このような関係性のパターンに適合するように管理会計を位置づけたものが，図9－2である。

本書の考察によって関係性のパターンと管理会計について以上のことを明らかにした。その意味では，関係性のパターンという視点からメガ・コンペティションにおける管理会計のあり方を解明するという本書の目的は達成されたように思われる。本書での考察の延長上にまだ課題が存在している。それらは著者の今後の研究課題としたい。

図9-1 関係性のパターンの変容

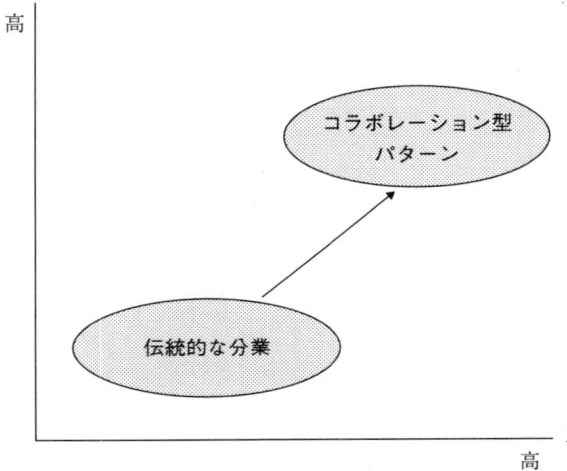

アライアンス
高

コラボレーション型パターン

伝統的な分業

エンパワーメント
高

図9-2 コラボレーション型パターンと管理会計

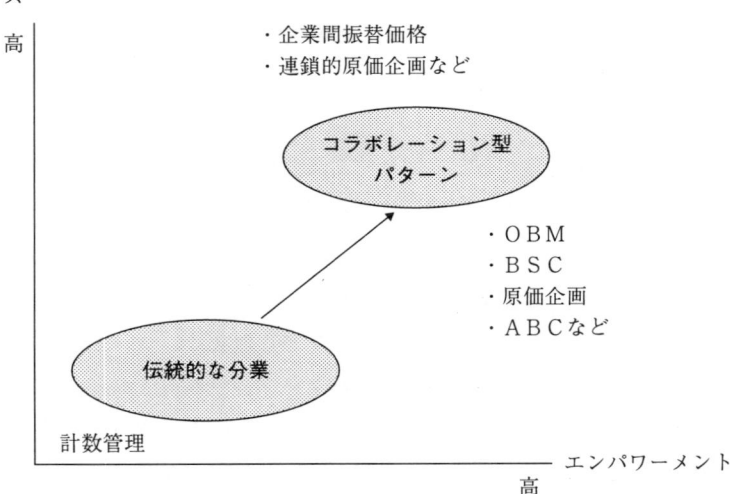

アライアンス
高

・企業間振替価格
・連鎖的原価企画など

コラボレーション型パターン

・OBM
・BSC
・原価企画
・ABCなど

伝統的な分業

計数管理

エンパワーメント
高

参 考 文 献

＜英文文献＞

1. Abernathy, W. and J. Utterback, 1978. Patterns of industrial innovation. *Technology Review.* June／July, pp. 41−47.
2. Ahrens, T., 1997. Talking Accounting: An Ethnography of Management Knowledge in British and Germany Brewers. *Accounting, Organizations, and Society.* vol. 22, no. 7, pp. 617−637.
3. Anderson, S. H. and S. M. Young, 2001. *Implementing Management Innovations: Lessons Learned from Activity Based Costing in the U. S. Automobile Industry.* Kluwer Academic Publishers.
4. Ansari, S. L. and J. Bell, 1997. *Target Costing: The Next Frontier in Strategic Cost Management.* Irwin.
5. Anthony, R. and V. Govindarajan, 2001. *Management Control Systems* (10th Edition). McGrow−Hill.
6. Argyris, C., 1990. The Dilemma of Implementing Controls: The Case of Managerial Accounting. *Accounting, Organizations, and Society.* vol. 15, no. 6, pp. 503−511.
7. Ashton, R. H., 1976. Deviation−Amplifying Feedback and Unintended Consequences of Management Accounting. *Accounting, Organizations, and Society.* vol. 1, no. 4, pp. 289−300.
8. Aubert, B. A., S. Rivard, and M. Party. 1996. A Transaction Cost Approach to Outsourcing Behavior. *Information & Management.* vol. 30, pp. 51−64.
9. Baiman, S., 1982. Agency Research in Managerial Accounting: A Survey. *Journal of Accounting Literature.* Spring, pp. 154−213.
10. Baldwin, C. Y. and K. Clark, 1997. Managing in an Age of Modularity. *Harvard Business Review.* September−October, pp. 84−93.
11. Birkett, W. P., 1995. Management Accounting and Knowledge Management. *Management Accounting.* November, pp. 44−48.
12. Blocher, E. J., K. H. Chen, and T. W. Lin, 1999. *Cost Management: A Strategic Emphasis.* Irwin／McGraw-Hill.
13. Case, J., 1995. *Open-Book Management: the coming business revolution.* Harper Business.（邦訳書：佐藤修訳「オープンブック・マネジメント」ダイヤモンド社, 2001年）

14. Chow, C. W., J. C. Copper, and W. S. Waller, 1988. Participative Budgeting : Effects of a Truth-Inducing Pay Scheme and Information Asymmetry on Slack and Performance. *Accounting Review,* vol. 63, no. 1, pp. 111−122.
15. Christersen, C. M, 1997. *The Innovator's Dilemma: When New Technologies Cause Great Firms to Fail.* Harvard Business School Press.
16. Coase, R. H., 1937. The nature of firm. *Economica.* vol. 4, no. 16 (November), pp. 386−405.
17. Colbert, G. J. and B. H. Spicer, 1995. A multi-case investigation of a theory of the transfer pricing process. *Accounting, Organizations and Society.* vol. 20, no. 6, pp. 423−456.
18. Cooper, R. and R. S. Kaplan, 1988. Measure Costs Right: Make the Right Decisions. *Harvard Business Review.* September−October, pp. 96−103.
19. Cooper, R., R. S. Kaplan, L. S. Maisel, E. Morrissey, and R. M. Oehm, 1992. *Implementing Activity Based Cost Management : Moving from Analysis to Action.* Montbevale. (邦訳書:KPMGセンチュリー監査法人訳「ABCマネジメント革命」日本経済新聞社, 1995年)
20. Cooper, R. and R. Slugmulder, 1999. Develop Profitable New Products with Target Costing. *Sloan Management Review.* Summer, pp. 23−33.
21. Cooper, R. and R. Slugmulder, 2000. *Supply chain development for the lean enterprise.* IMA. (邦訳書:清水孝・長谷川惠一監訳「企業連携のコスト戦略」ダイヤモンド社, 2000年)
22. Dekker, H. C., 2003. Value Chain Analysis in Interfirm Relationship: A Field Study. *Management Accounting Research.* 14. pp. 1−23.
23. Dent, J. F., 1990. Strategy, Organization and Control : Some Possibilities for Accounting Research. *Accounting, Organizations and Society.* Vol. 15, no. 1／2, pp. 3−25.
24. Dyer, J. H., 2000. *Collaborative Advantage: Winning Through Extended Enterprise Networks.* Oxford University Press.
25. Eccles, R. G., 1983. Control with fairness in transfer pricing. *Harvard Business Review.* November−December, pp. 149−161.
26. Eccles, R. G., 1985. *The transfer pricing problem: A theory for practice.* Lexington Books.
27. Gibbons, R., 1992. *Game theory for applied economists.* Prinston University Press. (邦訳書:福岡正夫, 須田伸一訳「経済学のためのゲーム理論入門」創文社, 1995

年）
28. Gomes-Casseres, B. 1996. *The Alliance revolution: The new shape of business-rivalry.* Harvard University Press.
29. Hamel, G. and C. K. Prahalad, 1994. *Competing for the future.* Harvard Business School Press.（邦訳書：一條和生訳「コア・コンピタンス経営」日本経済新聞社，1995年）
30. Hammer, M. and J. Champy, 1993. *Reengineering the corporation: a manifesto for business revolution.* Harper Business.（邦訳書：野中郁次郎監訳「リエンジニアリング革命」日本経済新聞社, 1993年）
31. Hansen, D. R. and M. M. Mowen, 2000. *Cost Management: Accounting and Control (3rd ed.).* South-Western College Publishing.
32. Hergret, M. and D. Morris, 1989. Accounting Data for Value Chain Analysis. *Strategic Management Journal.* 10. pp. 175-188.
33. Hilton, R. W., M. W. Maher, and F. H. Selto, 2000. *Cost Management: Strategies for Business Decision.* Irwin McGraw-Hill.
34. Hiromoto, T., 1988. Another Hidden Edge: Japanese Management Accounting. *Harvard Business Review.* July-August, pp. 22-26.
35. Horngren, C. T., G. L. Sunden, and W. O. Straton, 1999. *Introduction to Management Accounting* (11th ed.). Prentice Hall.
36. Johnson, T. H. and R. S. Kaplan, 1987. *Relevance Lost: The Rise and Fall of Management Accounting.* Harvard Business School Press.（邦訳書：鳥居宏史訳「管理会計の盛衰」白桃書房, 2002年）
37. Johnson, T. H., 1992. *Relevance Regained: From Top-Down Control to Bottom-Up Empowerment.* The Free Press.（邦訳書：辻厚生・河田信訳「米国製造業の復活：トップダウン・コントロールからボトムアップ・エンパワメントへ」中央経済社, 1994年）
38. Johnson, T. H. and A. Bröms, 2000. *Profit Beyond Measurement.* The Free Press.（邦訳書：河田信訳「トヨタはなぜ強いのか」日本経済新聞社，2002年）
39. Kaplan, R. S., 1984. The Evolution of Management Accounting. *Accounting Review,* vol. no. 3, pp. 390-418.
40. Kaplan, R. S. and D. P. Norton, 1992. The Balanced Scorecard-Measures That Drive Performance. *Harvard Business Review.* January-February, pp. 71-79.
41. Kaplan, R. S., and D. P. Norton, 1996a. Using the Balanced Scorecard as a Strategic Management System. *Harvard Business Review,* January-February, pp. 71-

79.

42. Kaplan, R. S. and D. P. Norton, 1996b. *The Balanced Scorecard.* Harvard Business School Press. (邦訳書:吉川武男訳「バランス・スコアカード:新しい経営指標による企業変革」生産性出版, 1997年)

43. Kaplan, R. S. , and D. P. Norton, 1996c. Linking the Balanced Scorecard to Strategy. *California Management Review,* vol. 39, no. 1, pp. 53－79.

44. Kaplan, R. S. and D. P. Norton, 2001. *The Strategy－focused Organization:How Balanced Scorecard Companies Thrive in the New Business Environment* . Harvard Business School Press. (邦訳書:櫻井通晴監訳「戦略バランスト・スコアカード」東洋経済新報社, 2001年)

45. Kimura, S. and H. Ogawa, 2002. An Economic Analysis of the Effects of the Module Production System on Target Costing. *Paper Presented at European Accounting Association 25TH Annual Congress* . (Unpublished)

46. Kimura, S. and P. Mourdoukoutas, 2000. Effective Integration of Management Control Systems for Competing in Global Industries. *European Business Review.* vol. 12, no. 1, pp. 41－46.

47. Klatt, B. , S. Murphy and D. Irvine, 1999. *Accountability.* Kogan Page.

48. Kren, L. 1992. Budgetary Participation and Managerial Performance:The Impact of Information and Environmental Volatility. *Accounting Review.* vol. 67, no. 3, pp. 511－526.

49. Kreps, D. M. , 1990. *Game theory and economic modeling.* Oxford University Press. (邦訳書:高森寛・大住栄治・長橋透訳「経済学のためのゲーム理論」マグロウヒル出版, 1993年)

50. Kumar, M. , 1996. The Power of Trust in Manufacturer－Retailer Relationship. *Harvard Business Review* . November－December, pp. 92－106.

51. Lindquist, T. , 1995. Fairness as an Antecedent To Participative Budgeting : Examining the Effects of Distributive Justice, Procedural Justice and Referent Cognitions on Satisfaction and Performance. *Journal of Management Accounting Research.* vol. 7, pp. 122－147.

52. Luft, J. L. and R. Libby, 1997. Profit Comparisons, Market Prices, and Managers' Judgments about Negotiated Transfer Prices. *Accounting Review.* vol. 72, no. 2l, pp. 217－229.

53. Makido, T. and S. Kimura, 2000. Management Accounting Practices and the Competitiveness of Japanese Manufacturing Companies. 2000 *Asian Academic Account-*

ing Association World Conference Proceedings (CD-ROM).
54. Mckinsey, J. O., 1922. *Budgetary Control.* Ronald Press.
55. Mckinsey, J. O., 1924. *Managerial Accounting.* University of Chicago Press.
56. Meyer, M. W. 2002. *Rethinking Performance Measurement: Beyond the Balanced Scorecard.* Cambridge University Press.
57. Milgrom, P. and J. Roberts, 1992. *Economics, Organizations & Management.* Prentice Hall. (邦訳書:奥野正寛・伊藤秀史・西村理・八木甫訳「組織の経済学」NTT出版, 1997年)
58. Normann, R. and R. Ramirez, 1993. From Value Chain to Value Constellation. *Harvard Business Review,* July-August, pp. 65-77.
59. Ouchi, W. G. 1979. A Conceptual Framework for the Design of Organizational Control Mechanism. *Management Science.* vol. 25, no. 9, pp. 833-848.
60. Penno, M., 1990. Accounting Systems, Participation in Budgeting, and Performance Measurement. *Accounting Review.* vol. 65, no. 2, pp. 303-314.
61. Porter, M. E., 1980. *Competitive Strategy.* The Free Press. (邦訳書:土岐坤・中辻萬治・服部照夫訳「競争の戦略」ダイヤモンド社, 1982年)
62. Porter, M. E., 1985. *Competitive advantage.* The Free Press. (邦訳書:土岐坤・中辻萬治・小野寺武夫訳「競争優位の戦略」ダイヤモンド社, 1985年)
63. Riordan, M. H., 1990. What is vertical integration?. *The firm as a nexus of treaties* (Aoki, Gustafasson, and Williamson eds.). Sage Publications.
64. Shank, J. K. and V. Govindarajan, 1993. *Strategic Cost Management: The New Tool for Competitive Advantage.* The Free Press. (邦訳書:種本廣之訳「戦略的コストマネジメント」日本経済新聞社, 1995年)
65. Schuster, J. P., J. Carpenter, and M. P. Kane, 1993. *The Power of Open-Book Management: Releasing the True Potential of Peoples' Minds, Hearts, and Hands.* John Wiley & Sons.
66. Simons, R., 1995a. Control in an Age of Empowerment. *Harvard Business Review.* March-April, pp. 80-88.
67. Simons, R., 1995b. *Levers of Control: How Managers Use Innovative Control Systems to Drive Strategic Renewal.* Harvard Business School Press. (邦訳書:中村元一・黒田哲彦・浦島史惠訳「ハーバード流『21世紀経営』4つのコントロール・レバー」産能大学出版部, 1998年)
68. Simons, R., 2000. *Performance Measurement & Control Systems for Implementing Strategy: Text & Cases.* Prentice Hall.

69. Sowell, E. M., 1973. *The Evolution of the Theories and Techniques of Standard Costs.* The University of Alabama Press.
70. Spicer, B. H., 1988. Towards an Organizational Theory of the Transfer Pricing Process. Accounting, *Organizations and Society.* vol. 13, no. 3, pp. 303−322.
71. Taylor, F. W., 1911. *Principles of Scientific Management.* Harper. (邦訳書:上野陽一訳編「科学的管理法」産業能率短期大学出版部, 1969年)
72. von Hippel, E., 1988. *The Sources of Innovation.* Oxford University Press. (邦訳書:榊原清則訳「イノベーションの源泉:真のイノベーターはだれか」ダイヤモンド社, 1991年)
73. Walker, K. B. and E. N. Johnson, 1999. The Effects of a Budget−Based Incentive Compensation Scheme on the Budgeting Behavior of Managers and Subordinates. *Journal of Management Accounting Research.* vol. 11, pp. 1−28.
74. Watson, J. H. and J. V. Baumler, 1975. Transfer Pricing:Theory of Transfer Price. *Accounting Review.* July, pp. 466−474.
75. Weygandt, J. J., D. E. Kieso, and P. D. Kimmel, 1999. *Managerial Accounting: Tools for Business Decision Making.* John Wiley & Sons.
76. Wiseman, C., 1988. Strategic *information systems.* Irwin. 1988. (邦訳書:土屋守章・辻新六訳「戦略的情報システム:競争戦略の武器としての情報技術」, ダイヤモンド社, 1989年)
77. Williamson, O. E., 1975. *Markets and Hierarchies:analysis and antitrust implications−A study in the economics of internal organization.* The Free press. (邦訳書:浅沼萬里・岩崎晃訳「市場と企業組織」日本評論社, 1980年)
78. Williamson, O. E., 1979. Transaction cost Economics:The Governance of Contractual Relations. *Journal of Law and Economics.* October, pp. 233−261.
79. Williamson, O. E., 1985. *The economic institutes of capitalism.* The Free press.
80. Willson, J. D., J. M. Roehl−Anderson, and S. M. Bragg. 1999. *Controllership:The work of the managerial accountant (6th edition).* John Wiley & Sons.

＜和文文献＞

1. 青木昌彦 (1995)「経済システムの進化と多元性:比較制度分析序説」東洋経済新報社
2. 伊丹敬之 (1986)「マネジメント・コントロールの理論」岩波書店
3. 伊藤嘉博 (1998)「管理会計変革のトリガーとしてのエンパワーメント −組織的知識創造と管理会計の関連を中心とした考察−」『會計』第153巻第3号, 27−42頁

参考文献

4. 岡野浩（1995）「日本的管理会計の展開：『原価企画』への歴史的視座」中央経済社
5. 岡野浩（2000）「日本的管理会計のグローバリゼーション」『會計』第157巻第3号, 15−25頁
6. 岡本清（2000）「原価計算(六訂版)」国元書房
7. 岡本清・廣本敏郎・尾畑裕・挽文子（2003）「管理会計」中央経済社
8. 加登豊（1990）「原価企画の新展開」『會計』第138巻第4号, 46−62頁
9. 加登豊（1993）「原価企画」日本経済新聞社
10. 加登豊（1997）「原価企画の海外移転に関する予備的考察」『国民経済雑誌』第175巻第6号, 29−47頁
11. 加登豊（1999）「管理会計入門」日本経済新聞社
12. 加登豊（2000）「日本的管理会計の海外移転——手法主導型導入とコンセプト主導型導入の比較分析」『會計』第157巻第3号, 59−76頁
13. 小林健吾（1987）「予算管理発達史」創成社
14. 小林健吾（2002）「体系予算管理(改訂版)」東京経済情報出版
15. 小林哲夫（1987）「管理会計システムの適合性の喪失について」『国民経済雑誌』vol. 156, no.4, 19−40頁
16. 小林哲夫（1988）「インターアクティブなコントロール・システムと会計情報の役割」『産業経理』vol.48, no.2, 10−18頁
17. 櫻井通晴編著（2000）「ＡＢＣの基礎とケース・スタディ」東洋経済新報社
18. 櫻井通晴編著（2002）「ＡＢＣ，ＥＶＡ，ＢＳＣ」中央経済社
19. 佐藤嘉彦（2000）「原価企画プロセスにおける管理技術に関する考察」『原価計算研究』vol.24, no.1, 11−18頁
20. 清水信匡（1992）「原価企画活動における目標原価情報と知識創造の関係」『産業経理』第51巻第4号, 132−140頁
21. 田中隆雄（1990）「自動車メーカーにおける新製品開発と目標原価 −トヨタの原価企画」『企業会計』vol.42, no.10, 14−23頁
22. 田中隆雄（2002）「管理会計の知見(第2版)」森山書店
23. 田中雅康（1985）「ＶＥ(価値分析)」マネジメント社
24. 田中雅康（1995）「原価企画の理論と実践」中央経済社
25. 谷武幸（1998）「管理会計領域の拡大：エンパワメントの管理会計の構築に向けて」『會計』第153巻第3号, 1−10頁
26. 日本会計研究学会（1996）「原価企画研究の課題」森山書店
27. 野中郁次郎・竹内弘高（1996）梅本勝博訳「知識創造企業」東洋経済新報社
28. 林知己夫監修（1982）「数量化理論とデータ処理」朝倉書店

29. 廣本敏郎（1997）「原価計算論」中央経済社
30. 廣本敏郎（2001）「変革の時代の管理会計 －ABCとバランスト・スコアカード－」『企業会計』vol.53, no.1, 160－168頁
31. 藤本隆宏（2000）「20世紀の日本型生産システム」『一橋ビジネスレビュー』2000年WIN., 66－81頁
32. 牧戸孝郎（1979）「最近におけるわが国原価管理実践の傾向」『企業会計』vol.31, no.3, 126－132頁
33. 牧戸孝郎・皆川芳輝・木村彰吾（1999）「日本企業の国際競争力と経営手法」『調査と資料』(名古屋大学経済学部付属経済動態研究センター) 第108号
34. 牧戸孝郎・木村彰吾（2002）「競争力の維持・向上と管理会計手法」『原価計算研究』vol.24, no.1, 57－69頁
35. 山本浩二（1998）「感性領域への管理会計の拡大 －組織の活性化－」『會計』第153巻第3号, 11－26頁
36. 木村彰吾（1998）「ネットワーク的企業間分業と振替価格」『原価計算研究』vol.22, no.1, 51－62頁
37. 木村彰吾（1999）「ネットワーク的企業間分業組織と会計システムの有用性に関する考察」『會計』第155巻第6号, 62－73頁
38. 木村彰吾（2000）「ナレッジ・マネジメントと管理会計」『會計』第157巻第5号, 31－44頁
39. 木村彰吾（2001）「ITとビジネスモデル」『オフィス・オートメーション』vol.22, no.3, 24－29頁
40. 木村彰吾（2001）「ネットワーク時代の管理会計」『原価計算研究』vol.26, no.1, 12－19頁

INDEX　　　索　引

A
- ABC ··9, 148
- Accountability Agreement ············136
- Accounting Talk ·····························148
- Activity-Based Costing ···················9
- Asset Specificity ·······························69

B
- Balanced Scorecard ··················10, 141
- Belief Systems ···································35
- Boundary Systems ····························35
- BPR··89
- BSC··10
- Business Process Reengineering ······89

C
- CALS ···89
- Chained Target Costing ···············166
- Clan Control ······································37
- collaboration ····································101
- Commerce At Light Speed ············89
- Confrontation Strategy ··················87
- Controllership ··································50
- Core Competence······························99

D
- Decision Support System ···············89
- Diagnostic Control Systems ··········28
- DSS··89

I
- Interactive Control Systems ·········36

M
- Management Control ······················27
- Management Information System ···89
- MIS··89

O
- Open Book Management ···············138

R
- Relationship のパターン ·················12

S
- screening ··74
- SIS···89
- Strategic Information System ········89

T
- transaction costs ·······························67

V
- Value Activity ···································16
- Value Chain ······································16
- Value Chain Analysis ·····················79
- Value Constellation ······················126
- Value System ····································65

あ行
- 意思決定会計 ······································5
- エイジェンシー関係·························29
- オープン・ブック・マネジメント ···138
- オペレーショナル・アライアンス ···128

か行
- 価値活動··16
- 価値コンステレーション ···············126
- 価値システム ······························65, 75
- 価値連鎖··16
- 価値連鎖分析······································79
- 活動基準原価計算·······························9
- 関係性のパターン·····························12
- 管理会計··3
- 企業価値創造 ······································2
- 企業間コラボレーション型
  パターン ··104
- 企業間振替価格 ······························158
- 企業内コラボレーション型
  パターン ··103
- 擬似統合型パターン·························73

業績管理会計 …………………………6
業績評価会計 …………………………6
競争直面戦略 …………………………87
契約的取引型パターン ………………72
原価企画 …………………………55, 151
コア・コンピタンス …………………99
顧客価値創造 …………………………2
コラボレーション ……………………101
コラボレーション型パターン …96, 100
コントローラー制度 …………………50

さ行
差別的出来高給制度 …………………32
参加型予算 ………………………49, 54
資産特殊性 ……………………………69
スクリーニング ………………………73
戦略的アライアンス …………………128
組織的知識創造 ………………………115

た行
チームプレー型パターン ……………26
チームワーク均衡 ……………………25

チームワークの質の高さ ……………11
長期雇用制度 …………………………36
取引コスト ……………………………67

な行
ナレッジ・マネジメント ……………119
年功制 …………………………………37

は行
バランスト・スコアカード …………10
非チームワーク均衡 …………………25
標準原価計算 …………………………43
分業 ……………………………………17
分断型パターン ………………………26

ま行
マネジメント・コントロール ………27

や行
予算管理 ………………………………46
予算統制 ………………………………48
予算編成 ………………………………46

ら行
連鎖的原価企画 ………………………166

<著者紹介>

木村 彰吾（きむら・しょうご）

〔略　歴〕
　1985年名古屋大学経済学部卒業，1990年名古屋大学大学院経済学研究科博士後期課程単位取得満期退学。
　名古屋大学経済学部助手，椙山女学園大学生活科学部助教授を経て，現在，名古屋大学大学院経済学研究科助教授。

〔主要業績〕
"Effective Integration of Management Control Systems for Competing in Global Industries"（P. Mourdoukoutas と共著）European Business Review. vol. 12, no. 1.（Literati Club 2001 Highly Commended Award 受賞）
「ナレッジ・マネジメントと管理会計」『會計』第157巻第5号
「ネットワーク時代の管理会計」『原価計算研究』vol. 26, no. 1.
（2002年日本原価計算研究学会賞受賞）

著者との契約により検印省略

平成15年10月20日　初版第1刷発行

関係性のパターンと管理会計

著　者	木　村　彰　吾	
発　行　者	大　坪　嘉　春	
印　刷　所	税経印刷株式会社	
製　本　所	株式会社三森製本所	

発行所　東京都新宿区下落合2丁目5番13号　株式会社　税務経理協会
郵便番号 161-0033　振替 00190-2-187408　電話 (03)3953-3301(編集代表)
FAX (03)3565-3391　　(03)3953-3325(営業代表)
URL　http://www.zeikei.co.jp/
乱丁・落丁の場合はお取替えいたします。

© 木村彰吾 2003　　　　　　　　　　　Printed in Japan

本書の内容の一部又は全部を無断で複写複製（コピー）することは，法律で認められた場合を除き，著者及び出版社の権利侵害となりますので，コピーの必要がある場合は，あらかじめ当社あて許諾を求めて下さい。

ISBN4-419-04308-3　C3063